세계사 속의
서양 연극사

세계사 속의 서양 연극사

초판 1쇄 발행 · 2021년 9월 10일
초판 2쇄 인쇄 · 2023년 2월 25일

지은이 · 전형재
펴낸이 · 한봉숙
펴낸곳 · 푸른사상사

주간 · 맹문재 | 편집 · 지순이 | 교정 · 김수란, 노현정 | 마케팅 · 한정규
등록 · 1999년 7월 8일 제2−2876호
주소 · 경기도 파주시 회동길 337−16 푸른사상사
대표전화 · 031) 955−9111(2) | 팩시밀리 · 031) 955−9114
이메일 · prun21c@hanmail.net / prunsasang@naver.com
홈페이지 · http://www.prun21c.com

ⓒ 전형재, 2021

ISBN 979−11−308−1815−3   93680
값 20,000원

푸른사상 예술총서 28

연극, 어디까지 궁금하니?

세계사 속의
서양 연극사

전형재

The history of theatre

with world history

푸른사상
PRUNSASANG

이 책이 지향하는 바는 서양 연극의 흐름을 세계사의 흐름과 함께 시대별로 조망하고 그 연극의 특징이 어떻게 지금까지 유지·발전되고 변화했는지 살펴보는 일이다.

일반적으로 서양 연극은 그리스 아테네로부터 2,500여 년, 동양의 경우는 인도 연극을 기원으로 2,000여 년이라는 세월을 이어왔다. 그렇게 본다면 한국 연극 또한 지리적 위치로 볼 때, 동양 연극의 전통에서 그 흐름을 찾는 것이 당연한 듯 보인다. 그러나 21세기 우리 앞에 놓인 연극들의 상당수는 이미 서양 연극의 흐름에서 벗어날 수 없다. 그것은 20세기 초 한국의 개화기에 서양의 의식주를 비롯한 서양 문화의 영향을 받기 시작한 이래, 그즈음 한국에 유입되기 시작한 서양 연극 역시 지금의 우리에게는 익숙한 연극 환경이 되었기 때문이다. 오히려 서양 연극의 기술을 다채롭게 융합하여 새로운 연극적 개성을 창조하려는 시도로까지 발전하고 있다. 결과적으로 한국 근·현대 연극의 역사는 어쩔 수 없이 한국에 유입된 지 이제 갓 100년을 넘긴 서양 연극의 발자취와 함께해왔다고 할 수 있다.

그렇다면 지금 우리 앞에 놓여 있는 다양한 서양 연극의 사조들은 언제부터 시작되었으며, 시대의 흐름 속에서 어떠한 모습으로 변화하고 혹은 사라져갔을까? 그리고 수많은 종류의 공연 형식들은 어떻게 나뉘며 현대 연극에는 어떠한 유산을 남겼을까? 이 책은 이러한 궁금증으로부터 출발하여 21세기에 진행되고 있는 포스트드라마 연극까지를 주요 범위로 다루고자 한다.

21세기는 예술뿐만 아니라 경제, 사회, 문화의 전 분야에서 융합을 화두로 하는 시대가 되었다. 따라서 오늘날의 예술 장르는 자신만의 고유성을 고집하지 않으며 다른 장르와 적극적으로 교류하고 서로의 필요 부분을 자신의 장르적 특성 안으로 포섭하기 위해 노력한다. 이러한 시대적 흐름은 '연극'이란 명칭에 있어서도 '연극', '무용', '오페라', '뮤지컬', '마당극', 각종 '연주회'와 그 밖의 20세기 이후 '행위예술' 등을 아우를 수 있는 포괄적인 용어 사용을 고려해야 할 상황에 직면해 있다. 1960년대 이후, 퍼포먼스를 융합한 행위 중심의 연극들은 기존의 전통적 언어 중심 연극 행위와는 구별되며, 해석학적 의미로도 설명하기 어려운 새로운 연극적 패러다임을 형성하고 있다. 이것은 연극의 의미 구성이 기호성에서 수행성으로 이동하고 있으며, 장르 간 융합으로 경계 허물기가 가속화되고 있다는 점에서 실증적 사실이 되고 있다.

그러나 대부분 대학에서 연극 관련 전문가가 되고자 하는 학생들에게 이와 같은 정보가 충분히 전달되고 있는지는 의문이다. 더군다나 이에 대해 의문을 품는 학생들도 거의 없는 실정이다. 연극사는 다기능적 소임을 수행하는 교과목으로서 여러 번 강조해도 지나침이 없다. 연극사 공부는 우선 연극 관련 전문인이 될 미래의 후학들에게 연극적 유산에 대한 이해를 돕는 한편, 동시대는 물론이고 아직 도래하지 않은 미래에 맞닥뜨리게 될 연극에 관한 상상력과 아이디어의 원천을 제공한다. 연극사는 과거의 주요한 사회적 사건들을 살펴봄으로써, 그에 대한 정보를 바탕으로 연극을 분석하고 아울러 그 시대의 관습과 규범 등을 고찰해볼 수 있다. 한마디로 과거 사회를 되짚어 현재를 통찰하고 미래를 꿰뚫는 직관을 제공한다. 이와 같은 사실은 연극이 우리의 일상으로부터 떠나지 않는 한 계속될 것이며, 연극은 언제나 시대를 비추는 거울로서 자리할 것이다.

하지만 연극의 속성이 일회성 예술이기 때문에, 연극사에서 이를 다루기란 어찌 보면 매우 불편하고 번거로운 분야이기도 하다. 왜냐하면 기존의 추론을 뒤집을 만한 새로운 기록이 발견되면 그에 따른 복잡한 재평가 작업을 지속해야 하는 미확정 상태의 진행 중인 분야이기 때문이다. 따라서 연극사는 다양하게 논의되어야 하며 시간과 공간의 제약으로 충분히 기술되지 못하는 점을 고려하여 어떠한 평가도 궁극적일 수 없음을 상기할 필요가 있다.

끝으로 이 책은 대학에서 연극 관련 전공자와 교양 연극을 위한 기초 입문서로서의 소임을 위해 쓰였다. 물론 이 책보다 훌륭한 연극사 연구서나 연극 개론서 등의 서적이 시중에 차고 넘친다. 그리고 그러한 책들이 담고 있는 치밀한 지적 호기심과 섬세하고 꼼꼼한 정보들은 이 책이 전혀 갖추지 못하고 있는 부분이기도 하다. 그러나 필자는 그동안의 경험을 돌이켜 자문해본다. 1학기 동안에 '연극사'나 '연극개론'을 산뜻하게 끝낸 적이 있었던가? 2,500년 연극의 길이만큼이나 부끄러운 고백이지만 그동안 필자가 선택한 책 가운데 책의 처음부터 끝까지를 완독하고 끝낸 학기는 한 번도 없었으며, 책의 중요 부분이라고 생각되는 곳을 조각내서 읽기에 바빴다. 그렇다 보니 학기가 끝날 때쯤이면 교수나 학생 모두에게 한 권의 책을 끝냈다는 성취감이 생겨날 리 없었다.

일반적으로 연극 전공 관련 학과에서 '연극사'나 '연극개론'은 대개 1학년 학생들의 필수 과목이다. 한마디로 연극(공연예술)을 처음 접하는 학생들이 청운의 꿈을 품고 받아드는 첫 번째 필수 서적이며, 연극 전공 관련 학생이라면 반드시 거쳐야 하는 통과의례이다. 하지만 1학년 학생들이 처음 받아든 '연극개론'은 연극과 친해지기도 전에 그 방대한 분량으로 학생들을 압도한다. 필자의 얕은 생각으로는 보통 대학으로부터 주어지는 한 학기의 강의 동안에 이 방대한 분량을 학생들에게 전달하는 것은 처음부터 불가능에 가깝다. 이것은 해볼 것도 없이 학생에게나 선생에게나 패배가 정해진 싸움이다. 그저 한 학기 동안 책에 시비나 걸다가 끝나는 꼴이다. 그러나 이 과목의 중요성은 새삼 거론하지 않아도 모두가 알고 있다. 학생들이 공연예술 관련 일에 종사하다 보면 10년, 20년 후에 또다시 손에 들게 되는 책이 '연극사' 또는 '연극개론'과 같은 기초 과목 서적이다. 그런 이유로 이 과목은 당장의 효용성보다 훗날의 중요성을 생각해 결코 소홀히 할 수도, 그렇다고 그냥 지나칠 수도 없는 과목이다.

한편, 교양으로 연극에 입문하는 학생들의 처지에서 보자면 더더욱 난감한 것이 '교양 연극'이다. 여기에 세계사적 기초 소양이 조금 부족하기라도 하면 연극에 대한 이해는 더욱 기대난망(企待難忘)한 일이 되고 만다. 연극에 대한 부푼 호기심은 곧 연극의 배신으로 기억된다.

그렇다면 어떻게 해야 할까? 패배가 정해진 싸움이라지만 좀 더 멋있게 패배하는 방법은 없을까? 과하지 않게 그렇다고 부족하지도 않게 쓰려고 노력했지만 역시 필자의 미흡함을 숨길 수는 없는 노릇이다. 시작은 창대했으나 끝은 미약하였다. 그러나 이러한 미약함을 감수하고라도 우리가 한 학기에 완주할 수 있는 범위 안에서 세계사의 중요 사건과 연극의 연관성을 최대한 축약하였다. 이 책이 연극 입문서로서의 마중물이 되기를 기대해본다.

2021년 8월
전형재 씀

제1장

연극이란?

1. 연극의 기원

많은 연극사가, 인류학자, 사회학자들은 각자 저마다의 분야에서 연극의 기원에 관한 실마리를 찾기 위해 노력해왔다. 그러나 이러한 노력에도 불구하고 우리가 지금까지 확인할 수 있는 인류의 기록이란 극히 미미한 수준이다. 인류가 자신들의 삶을 기록하기 시작한 것이 BC 3000년 이집트 그림문자로부터 비롯되었다는 사실들을 인정한다면, 연극이 선사시대 어디쯤에서 시작되었을 거라는 막연한 추측 정도는 꽤 신빙성 있는 근거가 될 수 있다. 그러나 연극에 관한 최초의 확실한 기록은 BC 6세기경 고대 그리스 시대라고 하는 것이 일반적인 견해이다. 따라서 우리의 연극사 연구는 어쩔 수 없이 기록에 근거한 역사만을 있는 그대로 인정해야 하는 상황이다. 그러나 연극의 기원이 이렇게 불확실함에도 불구하고 고대 그리스 시대 이전에도 현대의 연극과 유사한 형태의 몸짓들이 있었음을 추측하기란 어려운 일이 아니며, 현대 연극에 필요한 대부분의 요소가 이미 기록 이전에도 있었다는 사실을 유추

할 수 있다.

여기에 연극에 관한 일반적인 유래와 기원에 대해 살펴보면, 첫째는 종교의식이나 제례이다. 고대인들에게 신에 대한 숭배는 그 자체가 하나의 의식(ceremony)이었으며, 그 의식은 미리 정해진 순서와 약속된 절차가 있었을 것이다. 이것은 현재의 연극에서 배우가 대사를 외우고 무대에서 연기를 하는 절차와 거의 흡사한 모습이다. 그리고 의식에 동원되던 여러 요소, 이를테면 집전자, 집전 장소, 구경꾼들이 있었을 텐데, 이것 또한 연극의 배우, 장소, 관객과 같은 구성 요소와 일치한다고 하겠다. 이와 같은 종교의식 가운데 가장 오래 남아서 지금까지도 볼 수 있는 것은 아마도 가톨릭 미사 의식일 것이다. 이 의식은 매번 똑같은 말과 행동이 2,000여 년 동안 반복돼 내려오며 하나의 고정된 대본처럼 극적 구성을 갖추고 있다고 볼 수 있다.

둘째는 스토리텔링(storytelling)을 들 수 있다. 이것은 동서양을 막론하고 군집을 이루고 살았던 인류에게는 보편적 일상의 모습이다. 특히 문자가 없던 시대라면 부족의 장로나 샤먼이 이야기꾼으로서 자기 부족의 생성과 전설을 후대에 구전으로 전하는 사명을 담당했을 것이다. 좀더 가깝게는 어린 손자나 동네 아이들을 모아놓고 구전설화를 들려주던 옛날 할머니들도 비슷한 맥락의 이야기꾼(storyteller)이었을 것이다.

셋째는 인간의 모방(imitation) 심리이다. 모방은 인간의 본능이며 가장 보편적인 심리 현상이다. 특히 갓난아기의 경우는 부모로부터, 이후 성장 과정에서 공동체의 어른들로부터 행동과 말을 본능적으로 모방하며 성장한다. 그리고 그 모방을 자신의 성숙과 유희의 원천으로 삼기도 한다. 어린아이들의 소꿉놀이나 인형놀이, 전투놀이는 그 자체가 완전한 연극적 행위이며, 어른 삶의 구체적인 '따라 하기'이다. 아이들은 그 안에서 서로의 역할을 나누고 위계와 질서를 자연스럽게 터득한다.

넷째는 인간의 유희 본능(play instinct)이다. 여기서 '유희'란 텍스트가 없는 가운데 뚜렷한 사전 계획 없이 구경꾼들을 즐겁게 해주던 집단이나 개인의 재주 부리기이다. 인간의 유희는 거의 모든 문화권에서 시대를 막론하고 있었으며 연극의 씨앗을 품고 있다. 연극의 씨앗은 노래, 춤, 연기, 마술, 공중제비, 곤봉이나 접시돌리기와 같은 기예들로 나타났으며 광범위한 국가적 행사나 기념일에 인간의 희로애락을 표현하는 수단으로 나타났다.

위에서 열거된 연극의 기원들을 살펴보면 우리의 일상과 밀접하게 관련되어 있음을 알 수 있다. 그만큼 연극은 인간 혹은 인간의 삶과 함께 해온 역사이다. 따라서 연극의 본질을 발견하는 일은 곧 인간의 삶을 통찰하는 수단을 제공하게 될 것이다.

2. 연극의 시대적 구분

사실 연극의 시대적 구분은 엄밀한 의미에서 연구자 저마다의 개별적인 시각에서 출발한다고 볼 수 있다. 예를 들어, 중세와 르네상스가 시기적으로 중복되는 경우가 있고 20세기 이후 사실주의는 반사실주의와 양립하는 시대이고 보면, 연극의 흐름이란 두부모 자르듯 시대별로 나눌 수 있는 성질의 것은 아니다. 그러므로 연극의 흐름이 역사적 시대 구분과 정확하게 일치하기는 어렵다. 단지 역사가 구분해놓은 분별의 힘을 빌릴 따름이다. 그것은 역사 그 자체의 역사도 별반 다르지 않을 것이다. 역사적 시대 구분이란 "역사의 흐름을 더 쉽게 논의하기 위해 편의상 시대를 인위적으로 나누었을 뿐이지, 실상 역사란 원래 시대 구분 없이 흘러가는 것이라는 사실을 유념해야 한다."[1]

하물며 인간이 그려놓은 발자취를 더듬는 연극에 있어서 당대의 예술 사조가 지닌 의미의 폭과 상상력을 시대에 귀속하는 것은 위험천만한 일이 아닐 수 없다. 생각해보면 어느 예술사조가 득세한 시대라는 것은 그 시대 그 사조가 대중으로부터 좀 더 많은 관심과 주목을 받았다는 뜻이지, 그것이 그 시대 전체를 지배하고 있었다는 뜻은 아니다. 중요한 예술사조의 근저에는 항상 그것과 유사하거나 대립하는 예술이 서로 경쟁하는 가운데 어느 것은 소멸하고 어느 것은 살아남아서 후세에 전해질 뿐이다. 인간의 사유는 그렇게 단순하지 않아서 어느 예술을 많은 대중이 좋아할 순 있어도 모두가 하나의 예술을 추앙하기는 어렵다.

그러한 깨달음을 연극예술로 한정하여 살펴보면 다양한 종류의 연극을 범주화하려는 시도는 실상 그 연극이 성행한 후 일정 시간이 지난 다음에야 완성된 이론적, 학제적 편리임을 잊으면 안 된다. 일례로 모든 연극이론의 시발점이라고 하는 아리스토텔레스(Aristotle, BC 384~322)의 『시학(詩學, The Poetics)』이 완성된 때가 대략 BC 335년경이다. 그렇다면 이 책이 쓰인 시점은 그리스 연극의 황금시대가 지나간 100년 후라는 것을 상기할 필요가 있다. 그러므로 우리의 연극사에 대한 접근은 신중하면서도 유연할 필요가 있다.

---

1 에드윈 윌슨 · 앨빈 골드퍼브, 『세계연극사』, 김동욱 역, 퍼스트북, 2015, 139쪽.

3. 연극 발전의 지역적 차이

예술의 발전 양상은 나라마다 혹은 지역마다 천태만상이다. 우리가 보통 연극의 시작이라고 부르는 고대 그리스 연극은 좀 더 엄밀한 의미에서 그리스 아테네 지역의 연극이었다고 할 수 있다.

그 당시 그리스 지역에는 1,000여 개의 도시국가가 있었다고 알려지지만, 우리가 상기해볼 만한 연극 형식을 갖고 있던 지역은 그중에서도 아테네뿐이었다. 아테네는 1,000여 개의 도시국가 중에 가장 강력했으며, 디오니소스 축제는 아테네를 중심으로 한 축제였다. 이 축제 기간이 되면 다른 지역의 시민들이 아테네로 몰려들어 축제를 즐겼다. 따라서 오늘날의 연극과 유사한 공연 형식을 갖고 있던 지역은 아테네뿐이었음을 상기해볼 때, 그리스 연극이라고 해서 모든 그리스 지역에 연극이 있었던 것은 아니다.

연극이 각 나라나 지역에 유입되는 과정을 살펴보면 그 차이는 더 확연하게 드러난다. 서양 예술사에서 르네상스 시기는 보통 15세기 이후이다. 그러나 이것은 단지 15세기 이탈리아에 한정되어 나타나는 현상이다. 이탈리아에서 일어난 르네상스가 프랑스, 영국, 스페인, 벨기에 등 유럽 여러 지역에 영향을 주기 시작한 것은 시간상으로 한참 후의 일이며, 이때까지만 하더라도 프랑스, 영국, 스페인 등의 연극은 아직 중세적인 경향을 띠고 있었다. 따라서 르네상스 시기라고 해서 그 용어가 전 유럽에 해당하는 것은 아니며, 지역적인 차이가 발생함을 주의해야 한다.

특히나 연극에 있어서 르네상스 시기를 일률적으로 적용하기 어려운 점이 있다. 그것은 르네상스에서 회화가 번성한 다음 연극의 변화가 감지되기 때문이다. 그래서 르네상스 시대의 연극은 르네상스 회화가 번성하는 와중에도 여전히 중세적 모습을 보이고 있음도 알아둘 필요가 있다. 그렇게 본다면 이탈리아 지역은 연극적으로는 중세 연극 시대와 회화적으로 르네상스 시대 초기가 중첩되어 나타나는 시기라고 할 수 있다.

4. 연극은 다른 예술에 비해 왜 더디게 나타나는가?

연극은 인간의 생각과 행동이 총체적으로 집약된 예술적 산물이다. 그래서 연극 안에는 세계(나라)와 세계(나라), 세계와 인간, 인간과 인간의 관계를 조망하는 방법들이 담겨 있다. 그런데 "이러한 관계의 변화를 흡수하기 위해서는 시간이 걸리고, 그래서 연극이 사회적 변화를 받아들여서 반영하는 데 시간이 걸리는 것은 놀랄 일도 아니다. 다른 이유 하나를 들자면, 폭넓은 관객층의 지지를 받아야 한다. 남녀노소뿐만 아니라 신분, 빈부 등의 차이를 넘어서야 한다. 예를 들어 그림이나 조각은 단 한 사람의 주문만 있어도 제작될 수 있지만, (그래서 그림이나 조각은 마니아층의 개인 소장으로 지하실에 감금되는 경우가 많다) 연극은 다수로 이루어진 관객을 필요로 한다."[2]

다음은 연극이 종합예술이라는 태생적 특수성 때문이다. 연극은 회화, 건축, 음악, 의상 등이 총망라된 예술이다. 따라서 이러한 예술들이 어느 정도 궤도에 오른 다음에야 연극에서 이를 수용하기 시작한다. 그

---

2 위의 책, 139쪽.

래서 회화나 음악과 비교해 확립되는 시기가 대체로 늦어지는 한계성을 가진다. 하지만 그 한계성이 연극의 위상에 영향을 미친다거나 다른 예술과의 비교 우위를 나타내는 것은 아니다.

5. 연극, 예술과 오락의 경계에서

오늘날 연극이 예술로서 갖는 의미는 참으로 애매하다. 지금 연극의 위치는 예술의 범주와 오락의 범주 그 어디쯤, 어중간한 곳에 걸쳐 있는 형국이다. 물론 연극이 그 정체성을 분명히 해야 할 필요성에 동의하는 것은 아니지만 최소한의 예술적 영역마저 침범당할 위기에 있는 것은 분명해 보인다. 이제 곧 살펴보겠지만 연극은 오락거리가 없던 그리스 시대부터 예술과 오락을 동시에 제공하는 기능을 수행해왔다. 그리고 다른 경쟁자가 없는 상태에서 수천 년 동안 독과점 체제를 유지해왔다. 하지만 오늘날에 와서 오락적 기능은 영화와 TV, 그 밖의 멀티미디어에 자리를 내어주었고 그때의 영광을 다시 찾기 위해서는 커다란 노력을 기울여야 할 형편이다.

이제 남은 것은 연극의 예술적 기능뿐이다. 물론 예술이 무엇인가에 대한 보편적 정의를 찾는 것은 저마다의 방법이나 경험이 다를 수 있다. 하지만 연극이 고대로부터 품어왔던 인간성에 대한 고뇌와 세계에 대한 직관의 능력마저 잃어버려서는 안 될 것이다. 그것마저 잃어버린다고 하면 연극이 지금까지 그 오랜 세월을 우리 곁에 있어온 이유에 대해 의문을 제기하지 않을 수 없다. 연극이 수천 년을 이어져온 힘은 인간 삶의 궤적과 변화 과정을 가장 잘 파악할 수 있는 예술이었기 때문이다.

인간 사유의 내적 표현이 철학과 문학이라면, 연극은 인간 사유의 외적 표현이다. 연극은 철학과 문학을 아우름과 동시에 우리의 실생활을 덧붙여 시각적 설명을 가능하게 한다. 가끔은 친절함이 지나쳐서 연극이 의미하는 본질과 가치가 일반대중의 오해를 사기도 하지만, 그래도 연극은 언제나 시대를 비추는 거울이었다. 그런데 오늘날의 연극은 시대를 비추고 있는가? 일부는 연극과 대중오락의 차이를 애써 구분하려고 노력하지 않으며 연극에 커다란 가치를 부여하지도 않는다. 그런 의미에서 현재 우리가 생각하는 연극의 가치를 새삼 되뇌어보는 것은 또 다른 의미가 있을 것이다.

미국의 연극학자 오스카 브로케트(Oscar Gross Brockett)는 이미 수십 년 전에 예술로서의 연극과 대중오락으로서의 연극에 대해 "극장에서 벌어지는 것이 순전히 오락 위주, 재미 위주고 그 밖의 다른 어떤 매력이나 호소를 제공해주지 않는다면 그 연극은 진정한 의미가 없는 것으로 쉽게 외면당할 것"[3]이라고 말했다. 그러나 오해하지 말아야 할 것이 브로케트는 연극도 관객의 선택을 받아야 하는 상품으로 보며 그 오락성을 부정하지는 않는다. 예술의 오락성은 관객을 일상의 걱정으로부터 잠시나마 벗어나게 해주는 심리적 기능을 배제할 수 없다. 그러나 지금의 연극이 어떤 매력이나 호소를 제공해주는가는 예술의 오락성과 별개의 문제이다. 충분히 재미있는 것이 관객의 시각과 사고에 충격을 줄만큼 새로운 질문을 던져주거나 중요한 인식의 전환을 제공해주지 못하고 일차적 눈요깃거리로 전락한다면 시간 보내기식 오락과 다를 바

---

3 오스카 G. 브로케트, 『연극개론』, 김윤철 역, 연극과 인간, 2014, 11쪽.

가 없다. 그리고 잠시 일상의 고통을 오락으로 상쇄한다고 한들 그 고통이 없어지는 것도 아니다. 브로케트는 연극이 순간을 잊기 위한 최면술이 아니라 인간 삶과 세계를 이해하기 위한 수단으로 존재해야 함을 이야기한다.

그러나 우리 사회는 점점 더 물질적 성공에 집착한다. 상업적 성공을 흠모할수록 연극은 인간에게 쓸모없는 것을 제공하는 것처럼 보인다. 연극은 빵을 만들어내는 기술을 갖고 있지 않으며 죽어가는 사람을 살리지도 못하고 인간을 우주에 데려다주지도 못한다. 한마디로 연극은 인간에게 확실한 이익을 보장해주지 못한다. 그 안에서 예술의 효용성을 주장하기란 여전히 어려운 과제이다. 연극이 갖는 현장성, 즉 대량 생산 시대의 '수제품(handmade article)'이라는 매체적 특성만으로 연극을 옹호하기란 어려운 시대가 되었다. 그동안은 이것이 연극의 강점이자 장점이었을지 모르지만, 지금은 강점이자 약점도 될 수 있음을 깨달아야 한다.

그렇다면 방법은 한 가지다. 바로 연극의 예술적 기능을 더 강화하는 것이다. 표현 방법을 좀 더 다양화하고 세계에 대한 이해와 통찰과 인식을 가능하게 해주는 연극 본래의 능력으로 가치를 인정받아야 한다. 인간과 세계를 향한 공감 능력이 물질적 행복에 우선한다는 인식을 연극이 심어주어야 한다.

이유 없는 폭력과 욕구 불만, 비방과 편 가르기, 희망과 목표가 없는 삶, 타인의 고통에 생각을 멈추는 삶이 결코 나의 행복으로 이어질 수 없음을 인식하게 해야 한다. 2,500년간 그래왔던 것처럼 온갖 역경 속에서도 연극은 계속될 것이기에, 다른 매체와의 차이를 좀 더 선명하게 하는 것이 연극에는 궁극적인 이로움으로 작용할 것이다. 철학자였던 아리스토텔레스가 비극을 연구한 이유는 "인간이 곧 그 주제이고 살아 있는 사람이 그 으뜸가는 매체이기 때문이다."[4]

---

4   위의 책, 26쪽.

제2장

고대 그리스 시대

1. 시대적 배경

오늘날의 그리스 땅에는 에게해를 중심으로 에게 문명(BC 3650~1100)이 번성했다. 에게 문명은 크레타섬을 중심으로 한 크레타(혹은 미노스 BC 3650~1170) 문명과 키클라데스(BC 3300~2000) 제도를 중심으로 하는 키클라데스 문명, 그리고 그리스 본토와 트로이 일대를 중심으로 한 미케네(BC 1600~1100)의 3개 문명으로 특징지어진다.

이 기간에 에게 문명은 청동기를 기반으로 독자적인 문명을 발전시켜나갔다. 이후 역사가들 사이에서 고대 그리스(Ancient Greece)가 언제 시작하여 언제 끝났는지에 대하여 보편적으로 통용되는 연대 기준은 없다. 다만 일반적으로 그리스의 역사 가운데 미케네 문명 말기인 BC 1100년경부터 고대 로마가 그리스를 복속한 BC 146년까지의 시대를 고대 그리스로 일컫는 것이 정설이다.

BC 1100년경은 미케네 문명의 붕괴로 그리스의 암흑기(BC 1100년경

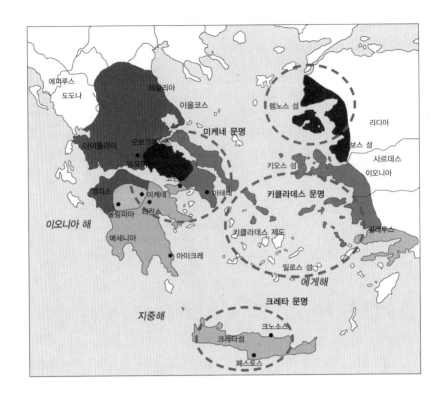

~750년경)가 찾아왔고, 암흑기가 끝나갈 무렵인 BC 800년경에 그리스 땅에는 폴리스라고 하는 도시 중심의 작은 국가 체제가 세워진다. 그리스가 로마에 점령당하기 전까지 그리스 땅에는 약 1,000여 개의 폴리스가 있었다고 알려지는데, 아테네를 비롯해 스파르타, 테베, 코린토스 등이 대표적인 폴리스였다. 그중에서도 가장 강력한 폴리스는 아테네였는데, 아테네는 BC 457년 페리클레스(Pericles, BC 495~429)가 집권하면서 황금기를 맞는다. 그러나 우리가 보통 그리스 문화의 황금기라고 부르는 '그리스 고전기(Classical Greece)'는 아테네를 중심으로 페리클레스가 집권하기 이전, BC 510년~320년 정도의 시기를 말한다.

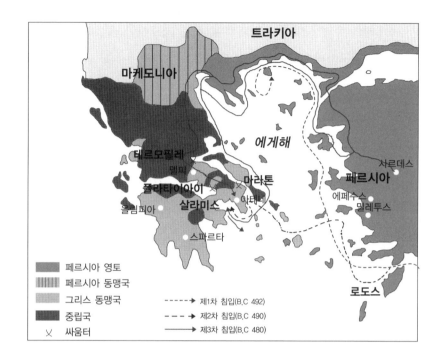

이 시기에 두 번의 커다란 전쟁이 그리스의 운명에 영향을 주었다. 그 중 하나가 '페르시아 전쟁'(BC 492~479)인데, 페르시아 제국이 그리스 본토를 3차에 걸쳐 공격하며 벌어진 전쟁이다.

1차 원정은 페르시아 함대가 폭풍우에 좌초되며 그리스 본토에 상륙해보지도 못하고 끝났다. 2차 원정은 페르시아군이 마라톤 평야에 상륙하여 아테네와 싸웠지만, 아테네 육군에 패하고 철수한다. 3차 원정은 육상과 해상에서 동시에 공격하였는데, 육상 방어선은 스파르타의 레오니다스 왕이 이끄는 테르모필레 방어선이었고 해상은 아테네의 장군 테미스토클레스가 이끄는 아르테미시움 방어선이었다. 그러나 육상 방어선이 무너지면서 아테네는 페르시아군에게 점령당한다. 이 과정에서 아테네의 유적 상당수가 파괴된다. 한편 페르시아군은 해상을 통해 육상으로 진군하려 했으나 테미스토클레스의 계략에 속아 좁은 해협인 살라미스 해전에서 대패한다. 페르시아 전쟁의 승리로 아테네는 그리스반도의 패권을 거머쥐었으며 이후 페리클레스가 아테네의 정권을 잡으면서 아테네 황금시대를 여는 초석이 된다.

또 하나의 전쟁은 '펠로폰네소스 전쟁'(BC 431~404)이다. 페르시아 전쟁에서 승리한 후 그리스 땅의 패권을 놓고 가장 강력했던 두 도시국가 아테네와 스파르타가 반목하기 시작한다. BC 431년, 스파르타의 동맹국인 테베가 아테네의 동맹국인 플라타이아이를 공격함으로써 전쟁이 시작되었다. 약 30년에 걸친 동족 간의 전쟁은 스파르타와 테베 동맹국의 승리로 끝났으며 그리스 땅의 패권은 아테네에서 스파르타로 넘어간다. 그리스 땅의 패권이 스파르타로 넘어갔다는 것은 아테네의 황금시대가 서서히 끝나고 있음을 뜻하는 것이었다. 그러나 스파르타는 동맹국이었던 테베와의 주도권 싸움에서 패하였고 그리스의 패권은 테베로 넘어간다. 하지만 테베 또한 자신들의 패권을 오래 유지하지는 못했다. 테베는 그리스 북부에 있던 마케도니아 왕국과의 전투에서 패하면서 그리스 땅의 주도권은 마케도니아가 장악하게 된다. 이후 아테네를 비롯한 다른 도시들은 과거의 영광을 되찾지 못하고 유럽 역사에서 퇴장하였다.

BC 336년 그리스 본토를 점령한 마케도니아의 왕은 20세 약관의 알렉산드로스였다. 알렉산드로스는 BC 334년 동방 원정길에 오르고 BC 330년 페르시아를 정복한다. 하지만 알렉산드로스는 BC 323년 동방 원정길에서 풍토병에 걸려 마케도니아로 돌아오던 중에 사망한다.

2. 고대 그리스의 연극

1) 그리스 연극의 출현

그리스 연극에 대한 확실한 기록이 발견된 것은 BC 534년인데, 이때 이미 비극 경연대회가 열렸다는 기록이 있는 것을 보면 이전에도 연극이 있었으리라는 추정은 얼마든지 가능하다.

그리스 연극의 중요한 토대는 사회 전체에 널리 퍼져 있던 종교의식에서 비롯되었다. 그중에서도 주(酒)신, 다산과 풍요의 신, 향연의 신인 디오니소스(Dionysos) 신에 대한 경배 의식은 연극의 기원과 밀접하게 연관된다. 그리스 사람들은 이 경배 의식을 축제로 발전시켰으며 축제 기간에 합창대회를 열었다. 이 축제에서 디오니소스를 찬양하던 합창을 '디티람브(dithyramb)'라고 부르는데, 디티람브는 열다섯 명의 남성들이 춤을 추며 노래를 부르는 장편 찬양가를 말하는 것으로 이것이 그리스 연극의 기원이 되었다.

전해오는 바에 따르면 디티람브의 코러스 무리에서 빠져나와 무대 위에서 혼자 대사와 노래를 전달했던 사람이 있었는데, 그는 비극 작가였던 테스피스(thespis)였다. 그리스 비극은 테스피스에 의해 합창 형태로 전달되던 디티람브에 독립된 등장인물이 생기고 대사를 주고받는 좀 더 연극적인 형태로 발전하게 된다. 데스피스는 디오니소스 축제에서 비극으로 상을 탄 기록이 있으나 그의 희곡은 전하지 않는다. 그리고 연극에서 배우의 역할을 창시한 사람으로 기록되어 있으며, 디티람브를 비극으로 발전시키는 데 큰 공헌을 한 인물로 알려지게 된다.

2) 디오니시아제

그리스에서 신화(myth)는 그리스인들의 삶에서 아주 중요한 정신적 소산이다. 그중에서도 땅을 관장하는 풍요의 신인 디오니소스 경배 의식은 그리스의 아테네인들에게는 중요한 행사였다. 아테네인들은 이 경배 의식을 축제처럼 즐겼는데 이것이 디오니소스 축제, 즉 디오니시아제(Dionysia祭)이다.

이 축제 기간에는 아테네의 모든 상거래가 멈추었고 전쟁이나 정치적 논쟁도 중단될 만큼 국가적인 행사였다. 축제에는 당시의 아테네 사람들뿐만 아니라 주변의 폴리스에서도 구경꾼들이 몰려들었으며 신분이나 지위, 성별과 상관없이 모든 사회 계층이 참여하여 축제를 즐겼다. 아테네의 지도자였던 페리클레스는 연극을 관람할 형편이 못 되는 사람들을 위해 '제신 기금'이라는 것을 만들어서 하류층들에게도 연극을 관람할 수 있도록 하였다.

축제는 3월 말경 꽃 피는 기간에 7~8일 정도 진행되었다. 축제에는 합창 경연대회가 있었으며 BC 534년에는 비극, BC 501년에는 사티로스극(짧막한 풍자희극), BC 486년에는 희극이 연극 경연에 추가되었다. 축제 기간에 연극 경연대회에 참가하기 위해서는 약 1년 전부터 참가 신청을 하고 담당 행정관에게 허락을 받아야 나갈 수 있었다. 축제 기간 7일 가운데 1~2일은 연극 관계자들의 행렬과 디오니소스 경배 의식이 진행되었다. 경배 의식은 아테네의 언덕인 아크로폴리스의 디오니소스 제단 앞에 희생 제물을 바치는 것으로 끝난다. 2일은 디티람브가 공연되었으며 나머지 3일간 연극이 공연되었다. 축제가 끝난 2~3일 후에는 행정관들의 평가로 시상이 이루어졌다. 기록에 의하면 최우수 비극 작가와 희극 작가에 대한 시상이 있었으며, BC 499년부터는 최우수 비극 연기상도 시상했던 것으로 보인다.

3) 그리스 연극의 특징

① 코러스

그리스 작가들은 작품 속에 코러스를 활용했다. 코러스를 훈련시키는 전문 훈련사가 있을 정도로 그리스 연극에서 코러스는 필수적인 요소였다. 한 작품에서 활용되는 코러스의 숫자는 일률적이지 않아서 12명에서 많게는 50명까지도 등장한 기록이 있다.

코러스는 자신들의 대사를 합창으로 전달한 것으로 생각되며, 때에 따라 코러스의 리더가 솔로로 대사를 전달하기도 했다. 연극에서 코러스의 기능은 첫째 앞으로 일어날 사건의 정보 제공, 둘째 등장인물의 행위에 대한 해설자 역할, 셋째 등장인물과 대사 주고받기, 넷째 무대 밖에서 일어난 일에 대한 설명, 다섯째 화려하고 웅장한 장면에서의 단역 재현 등이 있었다. 그래서 아리스토파네스의 희극 〈새〉에서는 새처럼 분장하고, 〈개구리〉에서는 개구리가 되기도 하였다.

② 비극-아리스토텔레스와 시학

아리스토텔레스(Aristotle, BC 384~322)는 그리스 연극의 황금시대가 지나가고 약 100년 후에 그리스 연극에 대한 이론을 한 권의 책으로 완성하였는데, 그것이 『시학(詩學, The Poetics)』이라는 책이다. 시학은 원래 아리스토텔레스의 강의 노트로 비극과 희극, 서사시, 그리고 기타의 문학형식에 대한 기록들이 담겨 있다. 아리스토텔레스는 그중에서도 비극을 가장 예술적인 장르로 꼽고 있으며, 그가 남긴 비극 이론은 지금까지도 모든 연극이론의 시발점이 되고 있다. 시학에서는 비극의 중요도를 다음의 6가지의 요소로 정의하고 있다.

첫째, 플롯－연극적 사건의 배열
둘째, 성격－작품에 재현된 인물
셋째, 사상과 주제－주인공의 사고 전개
넷째, 언어－시와 대사
다섯째, 음악
여섯째, 장경－특수효과 등 기타 시각적 장치들"[1]이다.

현존하는 31편의 그리스 비극에는 장면 전개에서 몇 가지 공통점이 나타난다.

첫째, 프롤로그(prologos)－개막, 사건의 경위와 배경을 설명
둘째, 파로도스(parodos)－발단, 코러스의 등장
셋째, 에피소드(episode)－전개, 등장인물이 나오고 사건이 시작
넷째, 코랄송부(choralode)－코러스의 합창과 함께 장면이 전개
다섯째, 엑소도스(exodos)－결말, 등장인물들이 무대에서 퇴장하는 것으로 비극이 마무리된다.

아리스토텔레스는 비극의 정의를 '관객들에게 연민과 공포를 불러일

---

1 에드윈 윌슨 · 앨빈 골드퍼브, 『세계연극사』, 김동욱 역, 퍼스트북, 2015, 47쪽.

으켜 그들의 정서를 적절히 순화시켜주는 것'이라고 하였다. 그는 이것을 카타르시스(katharsis), 즉 '정서의 순화'라고 설명한다.

③ 사티로스극(Satyr play)

사티로스는 그리스 신화에 등장하는 반인반수(伴人半獸)로 2족 보행을 하는 괴수이다. 그러나 숲에 사는 자연의 정령이기도 하다. 신화에서는 사티로스를 여러 모습으로 묘사하는데, 갈기 같은 머리털, 붉은 얼굴, 납작한 코, 벌거벗은 몸 그리고 대부분은 술에 취해 있다. 거기에다 디오니소스를 따르며 술, 음악, 춤, 여자를 좋아한다. 특히 발달한 성기를 지니고 있어서 음탕하고 문란하며 때때로 쓸데없는 객기를 부려 일을 그르치는 우스꽝스러운 모습으로 자주 등장한다. 그래서 저급하고 익살스러운 소극을 사티로스의 이름을 따서 붙이게 되었다.

디오니시아제에서는 한 날에 한 작가의 비극 3편이 공연되었는데, 비극이 끝난 다음 같은 작가가 쓴 사티로스극이 촌극의 형식으로 이어졌다. 사티로스극은 한마디로 본(本)극 뒤에 이어지는 풍자희극, 익살극이라고 이해하면 쉽다. 그 내용은 신화 속의 영웅들을 희화화하거나 그리스의 제도, 지도자 등을 조롱하는 내용 등으로 이루어졌다.

④ 희극(구희극)

그리스 시대의 희극은 BC 336년 알렉산드로스가 그리스를 통치하기 시작한 이후의 희극과 구별하기 위해 편의상 구희극(Old Comedy)과 신희극(New Comedy)으로 나누어 부른다. 희극 작가였던 아리스토파네스의 희극이 구희극에 속하는 것들이다.

구희극은 비극과 달리 시간의 제약도 받지 않고 공간도 자유로우며 등장인물도 대규모였다. 그리고 풍자 대상을 조롱하기 위한 과장된 플롯도 자주 등장한다. 예를 들어 아리스토파네스의 희극 〈리시스트라테〉에서는 전쟁의 쓸모없음을 조롱하기 위해 그리스 여인들이 합심하여 전쟁을 일삼는 남편들과 잠자리를 거부한다. 그런데 우습게도 이 작전은 성공하여 남편들이 전쟁을 그만두고 그리스에 평화가 찾아온다는 내용이다. 이 밖에도 코러스가 관객에게 직접 말을 걸기도 하였다. 당대의 유명 정치가나 종교인들이 객석에서 연극을 관람하기도 하였는데, 이들 정치가나 종교인을 놀림의 대상으로 삼아 웃음을 유발하기도 하였다.

⑤ 그리스의 극장

그리스 시대의 극장들은 연극뿐 아니라 축제까지 진행되던 장소로서 많은 사람을 일시에 수용할 수 있는 대규모의 공간이 필요했다. 대표적인 그리스의 극장으로는 '디오니소스 극장'과 그리스 후기 헬레니즘 양식을 반영한 '에피다우로스 극장'을 들 수 있다. 이들 극장은 어림잡아 15,000~17,000명을 수용할 수 있는 규모로 추정된다.

그리스 극장은 크게 3부분으로 이루어지는데, 객석인 테아트론(theatron), 연기 공간인 오케스트라(orchestra), 무대 구조물인 스케네(skene)다. 여기에 배우들의 등·퇴장 입구인 파로도스(parodos), 객석의 맨 앞줄에는 고위층을 위한 일등석인 프로에드리아(proedria)가 있었다.

그리스의 극장은 계단식 관람석을 만들기 위해 대개 비탈진 언덕에 주로 자리를 잡았다. 하지만 그러한 이유 외에도 극장이 감시탑 역할을 했다고도 알려진다. 로마의 극장을 보면 대부분 평지에 자리를 잡았는

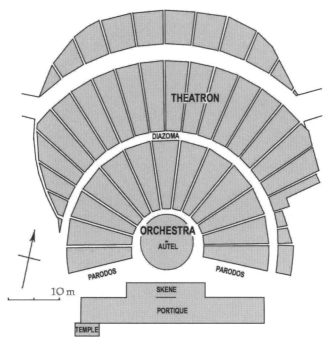

디오니소스 극장 조감도

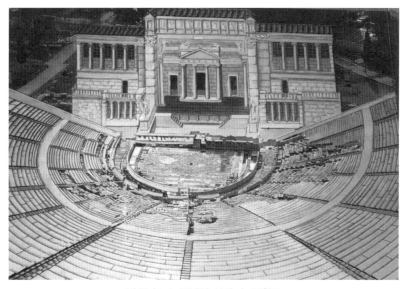

디오니소스 극장의 상상 속 복원도

데, 그것은 당시 로마를 필적할 만한 적국이 거의 없었던 반면, 아테네는 전쟁이 잦았던 이유로 가능한 한 높은 장소에 극장을 지어 지평선이나 수평선을 감시할 수 있도록 하였다.

4) 그리스 연극의 작가들

그리스 연극의 소재들은 그리스 신화와 밀접한 관계에 있다. 그리스 신화는 작가들에게 풍부한 이야깃거리를 제공하였고 당시의 작가들이 쓴 희곡 대부분이 그리스 신화에 출처를 두고 있다. 신화에 등장하는 인물들의 극적 행동이나 이야기 장치들은 이들에게 희곡의 소재로서 부족함이 없었다. 그리고 당시에는 비극이 희극보다 대중들에게 더 인기가 있었으며 아리스토텔레스의 말에 따른다면, 비극이 희극보다 더 가치 있는 예술로 인정받던 시대였다. 그래서 비극 작가들이 희극 작가들보다 더 환영받았다. 그런 이유로 그리스 연극 하면 대체로 그리스 비극을 떠올리게 되는 것이다.

최초 그리스 작가의 출현이 언제쯤인지 정확하진 않지만 테스피스를 비롯한 서너 명의 작가가 쓴 희곡이 공연되었다는 기록이 전해지는 것으로 미루어, 대략 BC 6세기경으로 짐작할 수 있다. 그러나 이들의 희곡은 전해지지 않는다. 오늘날 우리에게 전해지는 작가는 3명의 비극 작가와 2명의 희극 작가가 있을 뿐이고, 그중에 비극 31편, 희극 12편, 사티로스극 1편이 전해진다. 우리에게 알려진 비극 작가 3명을 살펴보면 다음과 같다.

① 아이스킬로스(Aeschylus, BC 525~456)

아이스킬로스 이전까지의 연극은 코러스와 대사를 주고받는 한 명의 배우가 등장하였는데, 아이스킬로스는 여기에 두 번째 배우를 등장시켰다. 그러면서 진정한 의미의 대사 주고받기가 가능한 연극을 처음으로 만들었다. 거기다가 코러스의 숫자도 연극적 상황에 따라 조절하며 코러스를 좀 더 효과적으로 활용하였다. 그가 남긴 희곡은 대략 90여 편 정도라고 알려지지만, 그중에 79편은 제목만 전해진다. 지금까지 온전하게 전해지는 아이스킬로스의 희곡은 불과 7편에 불과하다. 대표작으로는 〈페르시아인들〉, 〈테베를 공격한 일곱 장수〉, 〈탄원하는 여인들〉, 〈결박된 프로메테우스(사티로스극)〉, 〈오레스테이아〉 3부작-〈아가멤논〉, 〈제주를 바치는 여인들〉, 〈자비로운 여신들〉이 있다.

② 소포클레스(Sophocles, BC 496~406)

비극에서만큼은 스승인 아이스킬로스를 능가한다는 평을 받을 정도로 탁월한 능력을 발휘했다. 그의 작품 중에 〈오이디푸스〉는 아리스토텔레스가『시학』의 '비극론'에서 비극의 모범으로 삼았을 만큼 비극의 전형으로 여겨진다. 또한 아리스토텔레스는 소포클레스를 무대 장치에 채색을 한 창안자로 꼽는다. 그는 자신의 연극에 세 번째 배우를 등장시켰는데, 이것은 줄거리 전개와 등장인물 간의 갈등 표현에 있어서 이전의 연극보다 표현의 확장성을 열어준 업적이라고 할 수 있다. 그가 남긴 작품은 대략 120여 편으로 알려지지만, 그중에 7편의 비극만이 현존한다. 〈아이아스〉, 〈안티고네〉, 〈오이디푸스〉, 〈엘렉트라〉, 〈트라키스 여인들〉, 〈필록테테스〉, 〈콜로노스의 오이디푸스〉가 있다.

③ 에우리피데스(Euripides, BC 480~406)

에우리피데스는 앞선 두 명의 작가에 비해 좀 더 현대적인 작가라는 평을 듣는다. 그의 작품들은 여성들에게 동정적인 관점을 보였으며, 앞서 소개한 두 명의 작가보다 훨씬 사실주의적인 작품을 썼다. 그리고 비극에 멜로적인 요소와 희극적인 요소를 혼합하였고 그리스 신들에 대한 순종이나 공경이 아니라 신들도 인간처럼 쉽게 유혹에 빠지고 타락할 수 있음을 묘사하였다. 이처럼 지극히 인간다운 신과 여성에 대한 동정적인 시선은 그의 작품을 비극으로 인정하지 않는 경향을 보이기도 하였다. 신에 대한 절대적 숭배가 당연시되던 당시의 관객과 연극 경연을 주최하는 행정관들에게는 비판과 논란의 대상이 되기에 충분했다. 그는 92편의 희곡을 남긴 것으로 전해지는데, 현존하는 작품은 모두 18편뿐이다. 〈알세스티스〉, 〈메데이아〉, 〈히폴리토스〉, 〈헤라클레스의 자녀들〉, 〈안드로마케〉, 〈헤라클레스〉, 〈탄원하는 여인들〉, 〈헤카베〉, 〈트로이아 여인들〉, 〈엘렉트라〉, 〈헬레네〉, 〈이온〉, 〈타우리케의 이피게네이아〉, 〈포이니케 여인들〉, 〈오레스테스〉, 〈박코스 여신도들〉, 〈아울리스의 이피게네이아〉, 〈키클롭스〉(전해오는 유일한 사티로스극)가 전해진다.

④ 아리스토파네스(Aristophanes, BC 450경~385경)

그리스 연극 황금기의 희극 작가로서는 유일하게 전해지는 작가이다. 그는 당시 아테네의 사회상을 조롱하고 풍자하는 희극들을 썼다. 아테네 사회에 만연된 개방된 성 풍속도를 적나라하게 묘사하였고 정치 지도자나 사회 권력층의 실명을 거론하며 그들에게 풍자나 위트가 섞인 대사로 일침을 가하기도 하였다. 또한 그들을 조롱하기 위한 우스꽝스러운 장면들을 연극에서 만들어내는 능력을 발휘했다. 그의 희극 〈개구리〉에서는 아이스킬로스를 잘난 척하기 좋아하는 사람으로 묘사하였고 반면에 소포클레스는 훌륭한 인품의 소유자라고 치켜세우기도 하였다. 아리스토파네스가 철학자 소크라테스와 논쟁을 벌인 일화가 전해지는데, 두 사람은 한 명의 작가가 희극과 비극을 모두 쓸 수 있는지에 대해 날이 샐 때까지 논쟁을 벌였다고 한다. 그는 생전에 40여 편의 희곡을 남긴 것으로 알려지지만, 현재 전해지는 것은 11편뿐이다. 〈아카르나이의 사람들〉, 〈기사〉, 〈구름〉, 〈말벌〉, 〈평화〉, 〈새〉, 〈리시스트라테〉, 〈테스모포리아 축제의 여인들〉, 〈개구리〉, 〈여인들의 민회〉, 〈부의 신〉이 전해진다.

제3장

헬레니즘 시대

1. 시대적 배경

BC 336년 마케도니아의 왕이었던 필리포스 2세가 죽자 그의 아들 알렉산드로스(Alexandros Ⅲ)가 약관 20세의 나이로 그리스를 통치하기 시작한다. 그리고 2년 후인 BC 334년에 동방 원정길에 나서고, 결국 BC 330년 페르시아 제국을 정복한다. 알렉산드로스는 동방 원정으로 그리스에서 출발하여 남쪽으로는 이집트 북부, 동쪽으로는 인도 북서부에 이르는 대제국을 건설한다. 그러나 알렉산드로스는 BC 323년 33세의 나이에 풍토병으로 사망한다. 이후 알렉산드로스의 대제국은 부하들의 내전으로 인해 세 개의 나라로 갈라진다. 이즈음 막강한 군사력을 바탕으로 로마가 지중해를 장악하며 BC 146년 그리스를 복속하고 BC 30년에는 이집트까지 점령함으로써 알렉산드로스의 대제국도 막을 내린다. 그렇지만 로마가 그리스를 점령한 이후에도 그리스어와 그리스의 문화는 로마 제국의 존중을 받으며 오랫동안 유지되었다.

그리고 이전 알렉산드로스의 동방 정책 역시 동방의 고유문화를 인

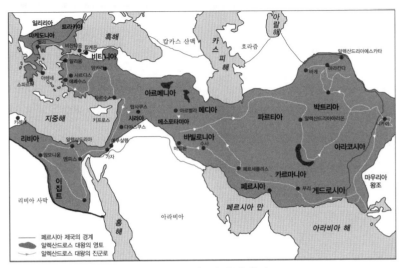

알렉산드로스 제국과 동방 원정로

정하며 이곳에 그리스인을 이주시키는 것이었다. 그러면서 자연스럽게 그리스 문화와 동방 문화가 융합한 새로운 그리스풍 문화가 탄생하였는데 이것을 헬레니즘(Hellenism)[1] 문화라 불렀다.

그러나 아직도 역사가들 사이에서 헬레니즘 시기에 대한 통일된 견해는 나오지 않고 있다. 이에 몇 가지 견해를 살펴보면, 첫째는 "BC 336년 알렉산드로스의 그리스통치로부터 로마가 그리스를 점령한 BC 146년까지"[2], 둘째는 "BC 336년부터 알렉산드로스의 영토가 로마 제국에 병합된 BC 30년까지"[3], 셋째는 "알렉산드로스가 사망한 BC 323년부터

---

1 헬레니즘이란 용어는 19세기 초 인도의 역사가 J.G. 드로이젠에 의해 정의되었다. 세계사 속에서 헬레니즘은 고대 그리스에서 연원된 독자성을 지닌 역사적 개념이지만, 넓은 의미에서는 그리스 정신에서 '그리스화한' 문화까지 포함한다.
2 에드윈 윌슨 · 앨빈 골드퍼브, 『세계연극사』, 김동욱 역, 퍼스트북, 2015, 67쪽.
3 김경묵, 『이야기 세계사 1』, 청아, 2017.

BC 146년까지"[4] 등 다양한 시각들이 공존한다. 하지만 "가장 광범위한 지지를 받는 견해는 알렉산드로스가 페르시아 제국을 정복한 BC 330년부터 로마가 이집트를 통합한 BC 30년까지 약 300년 동안"[5]이 대체적인 견해이다.

2. 헬레니즘 시대의 연극

헬레니즘 시대에 연극의 중요한 변화는 첫째 신희극의 발전, 둘째 새로운 극장 건축, 셋째 극작가 중심의 연극에서 배우 중심의 연극으로 이동을 들 수 있다.

1) 신희극

BC 336년경 그리스 연극에 중대한 변화가 생기는데 그것은 기존의 희극이 집중하였던 정치 사회적 풍자에서 로맨틱한 가정사로 플롯과 소재가 변화하게 되는 것이다. 그러면서 신희극(New Comedy)이 새로운 형식으로 자리를 잡게 된다. 신희극은 현대의 희극 극작술에 커다란 영향을 미쳤다. 오늘날의 시트콤 드라마와 유사한 형태라고 보면 이해가 쉽다. 보통 완고한 부모가 등장하고 사랑하는 남녀 사이를 반대하며 젊은이들의 사랑이 엎치락뒤치락 꼬이는 상황이 전개된다. 그러다가 극

---

4 다음백과, '헬레니즘 시대' 참고.
5 고종환, 『한 권으로 읽는 연극의 역사』, 지앤유, 2014, 101쪽.

적인 우연으로 이야기가 해결되는 구조를 갖는다. 여기에는 또 희극적인 하인들이 자주 등장한다.

신희극 작가로는 메난드로스(Menandros, BC 342~291)가 있다. 그의 작품은 100여 편이 넘는 것으로 알려지지만 대부분은 일부만 전해지다가 최근에 와서 몇 개의 단편이 새롭게 정리되어 〈삭발당한 여인〉, 〈중재판정〉, 〈사모스의 여인〉이 알려지게 되었다. 그의 작품 가운데 온전히 전해지는 작품으로는 〈불평꾼(The Grouch)〉이 유일하다. 메난드로스의 작품은 아리스토파네스와 같은 신랄한 풍자나 자유로운 공상보다는 가정사나 남녀 간의 사랑, 연애 이야기를 주로 다루고 있다.

2) 헬레니즘 시대의 극장

알렉산드로스의 동방 원정으로 소아시아를 비롯해 이탈리아까지 알렉산드로스의 정복지마다 크고 작은 극장들이 건설되었다. 지금까지 알려진 것만 해도 40여 개 정도로 실제는 더 많은 극장이 있었을 것으로 추정된다. 대부분은 석조 구조물로 거대한 단상의 무대를 갖추었다. 2층 구조의 스케네는 오늘날의 극장 규모와 비교해도 대단히 큰 극장이었다. 극장이 많아졌다는 것은 헬레니즘 시대에 와서 공연의 숫자나 종류에 있어서 훨씬 활발한 극장 공연이 있었다는 의미이다. 연극은 이제 디오니소스 축제 때에만 공연하는 것에 그치지 않고 전쟁의 승리나 종교 행사 때에도 공연하게 되었다.

헬레니즘 시대의 대표적인 극장은 에피다우로스 극장인데, 디오니소스 극장보다 규모는 작지만 터만 겨우 남아 있는 디오니소스 극장에 비하면 아직도 원형이 잘 보존된 채 건재한 모습을 유지한다.

에피다우로스 극장

3) 배우의 부상

위에서도 설명한 바와 같이 극장의 증가는 공연의 증가로 이어졌고 그에 따르는 배우들의 수요도 늘어나게 되었다. 급기야 BC 277년에는 '디오니소스 예술단'이라고 알려진 배우 조합이 탄생한다. 여기에는 배우뿐만 아니라 코러스 단원들, 극작가 그 밖에 공연 관련 전문가들이 소속되었다. 배우들은 병역이나 징집이 면제되어 어디든 여행할 수 있었고 때로는 전령사의 대우를 받기도 했다.

그러나 배우의 역할이 커졌다고 해서 사회적으로도 존경받는 위치에 있었던 것은 아니었다. 철학자 플라톤의『국가론(The Republic)』을 살펴보면, 배우들은 믿을 수 없는 존재로 자신이 주장하는 이상국가에서 추방해야 할 대상으로 언급한다. 플라톤에 따르면 배우들은 상황에 따라 자신의 본질을 숨기고 다른 사람을 속이기 위한 변신에 골몰하는 사람들이다. 따라서 궁극적으로는 사회에 해악을 끼치는 존재라고 생각하였다.

이 밖에도 배우라고 해서 모두 같은 대우를 받았던 것은 아니었다. 비극과 희극 배우들은 어느 정도 대우를 받았지만, 마임(mime) 배우들은 예외였다. 이들은 곡예와 춤으로 연회에서 여흥을 돋우던 떠돌이 배우들이었는데, 이들의 문란한 사생활은 대중들의 손가락질을 받았던 것으로 보인다. 그래서 이들은 디오니소스 예술단의 정식 조합원으로 받아들여지지 않았으며 각종 종교 행사에도 초대받지 못하였다.

제4장

고대 로마 시대

1. 시대적 배경

고대 로마(Ancient Rome) 시대에 대한 일반적인 견해는 BC 750년부터 서로마가 멸망한 AD 476년까지의 시기가 일반적 중론이다. 이후 1453년까지 동로마가 존속하고 있었지만, 서로마가 멸망하면서 고대 로마의 라틴적인 모습은 점차 사라졌다고 보는 것이 일반적이다.

그리스는 로마가 그리스를 복속한 BC 146년에 유럽의 중심에서 밀려난다. 그러면서 새로운 문명이 부상하는데 바로 고대 로마 문명이다. 고대 로마는 BC 750년경 지금의 이탈리아반도 중부에 위치한 테베레(Tevere)강 이남의 작은 마을에서 기원한다.

고대 역사가들의 로마 건국 신화에 의하면 로마를 세운 로물루스와 레무스 형제가 버려진 곳이 이곳 테베레강이었다. 그들은 늑대의 젖을 먹고 자랐으며, 이후 비옥한 테베레강 언덕에 도시를 건설하였다. 그리고 로물루스의 이름을 따서 도시 이름을 '로마'라 지었다. 그러나 로마의 기원 전설은 어느 나라나 마찬가지로 역사성이 검증되지 않은 판타지적 요소를 갖고 있다. 따라서 지리적 혹은 고고학적 증거를 통해 검증이 필요한 부분이다.

고대 로마의 초기 정치 체제는 에트루리아(로마 북부에 있던 도시연합 국가) 사람들에 의한 왕정(BC 753~BC 509)이었다. 그러나 로마는 에트루리아 사람들을 몰아내고 왕정을 종식하며 공화정(BC 509~BC 27)을 세운다. 공화정은 이후 500여 년간 로마 정치 체제의 근간이 되었다. 하지만 사실상 로마 공화정에서는 300명의 귀족으로 구성된 원로원과 두 명의 집정관이 최고 정치인으로서 전권을 갖고 있었다.

BC 5세기경이 되면 로마의 경제는 평민들이 장사를 통해 막대한 부를 축적하기 시작한다. 그러면서 귀족들과 대등한 위치에 오르고 급기야는 평등권을 요구하게 된다. 귀족들은 전쟁에 평민들의 크고 작은 도움이 필요했기에 서로의 이해관계가 맞물리며, BC 3세기경 모든 로마 시민들에게 법률상의 평등권이 보장된다.

공화정 시기에 로마는 이탈리아반도에서 팽창을 거듭하며 이탈리아 전역을 통일한다. 그리고 정복 전쟁을 통해 로마의 식민지를 세워나간다. 로마의 대표적인 정복 전쟁 중의 하나가 포에니 전쟁[1](BC 264~146)이

---

1 제1차 전쟁은 BC 264~241년, 제2차 전쟁은 BC 219~201년, 제3차 전쟁은 BC 149~146년 카르타고의 멸망으로 끝난다.

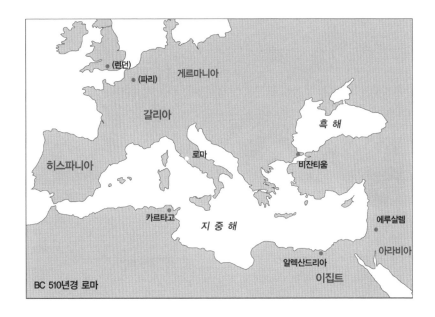

（런던）

（파리）　게르마니아

갈리아

흑 해

히스파니아

로마

비잔티움

카르타고　지 중 해

에루살렘

아라비아

알렉산드리아
이집트

BC 510년경 로마

었는데, 상대는 북아프리카 지역의 카르타고(현 튀니지)였다. 모두 세 차
례에 걸친 전쟁에서 로마는 승리하고 지중해의 패권을 차지한다. 이 전
쟁의 승리로 로마는 제국의 기틀을 마련한다.

더불어 이 시기는 역사상 로마 문화에 일대 전환점을 가져온 시기라
고 할 수 있다. 다시 말하면 포에니 전쟁이 종식된 BC 146년은 로마가
지중해를 장악하고 그리스 일대를 점령했던 때이다. 로마는 그리스의
발달한 문물들, 즉 예술과 문학 특히 극장 예술과 접촉하게 된다. 또한
동방 세계와 만나게 되면서 헬레니즘의 학문, 예술, 풍습 등이 로마로
유입되고 로마인의 생활에도 영향을 주었다.[2]

---

2 "헬레니즘의 개인주의는 긍정적인 영향뿐만 아니라 부정적인 영향도 끼쳤는데
   그것은 로마의 전통적인 씨족 중심의 협동 정신을 말살시켜서 국가에 대한 충성
   심을 약화하는 계기가 됐고, 사치와 향락을 좋아하고 노동과 병역을 꺼리게 만드

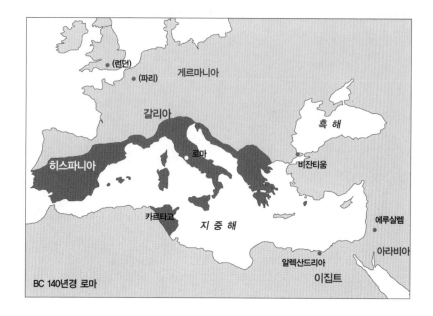

지 중 해
BC 140년경 로마

　BC 1세기 중반이 되면 로마 공화정이 위기의 조짐을 보인다. 그 이유
는 첫째, 광활한 지역을 통치하다 보니 자연히 정치 체계에 무리가 오
기 시작했고, 둘째는 로마 땅 곳곳에서 발발하는 반란과 자중지란의 내
전 때문이었다.

　로마 공화정의 위기는 율리우스 카이사르, 폼페이우스 마그누스, 마
르크스 크라수스 세 사람이 비밀리에 맺은 정치적 협약, 즉 제1차 삼두
정치(BC 59)에서 시작한다. 이들의 정치적 밀약은 공화정을 짓밟는 행위
였다. 그러다가 BC 53년, 삼두정치의 한 축이었던 크라수스가 전쟁 중
에 사망하면서 삼두정치는 깨어지고 카이사르와 원로원의 후원을 받는

는 계기가 되었다. 결과적으로 이 헬레니즘과의 접촉이 로마멸망의 실마리를 제
공하게 된 하나의 원인이 된 것이다.” 고종환, 『한 권으로 읽는 연극의 역사』, 지
앤유, 2014, 112쪽.

폼페이우스의 양강 구도가 형성된다. 카이사르는 BC 58년부터 9년 동안 갈리아(지금의 프랑스와 영국, 스페인 등 로마 북부)를 평정한 로마 민중의 영웅이었고, 폼페이우스는 동방을 원정하여 로마의 영토를 제국으로 만드는 데 공을 세운 장군이었다.

BC 50년, 원로원은 갈리아에서 집정관직 참가 자격을 부여할 것을 요청한 카이사르의 요구를 묵살하고 그의 군단을 해산할 것과 로마로 돌아올 것을 명령했다. 그러나 BC 49년, 갈리아에 있던 카이사르는 자신의 군단을 이끌고 루비콘강을 건너 폼페이우스 그리고 원로원 세력과 내전을 벌인다. 이후 내전에 승리한 카이사르는 원로원의 기능을 마비시키고 로마의 종신 독재관이 되어 강력한 독재정치를 펼친다. 훗날 카이사르의 내전은 로마 공화정의 종말을 앞당기는 결정적 요인이 되었다.

하지만 카이사르는 BC 44년 브루투스에 의해 원로원 회의장에서 암살당한다. 이 사건을 묘사한 희곡이 셰익스피어의 〈줄리어스 시저〉이다. 그러나 카이사르를 암살한 브루투스 또한 정권을 잡지 못하고 옥타비아누스와 안토니우스의 연합군에 패배한다. 카이사르의 후계자 옥타비아누스는 안토니우스, 레피두스와 제2차 삼두정치(BC 43)를 펼치며 권력을 잡지만 이들의 정치적 동맹 또한 오래가지 못했다. BC 36년, 레피두스는 권좌에서 추방되었고 BC 31년, 옥타비아누스와 안토니우스의 분열은 또다시 내전으로 이어졌다. 둘의 싸움은 악티움 해전에서 옥타비아누스가 안토니우스와 이집트의 클레오파트라를 격퇴하며 로마의 유일 지배자가 되면서 끝난다. 둘은 친구였지만 옥타비아누스는 안토니우스를 죽이고 BC 27년, 로마의 초대 황제에 오르며 공화정은 종말을 맞는다.

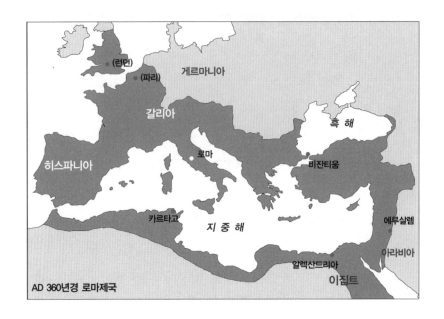

갈리아

(런던)

(파리)

게르마니아

흑 해

히스파니아

로마

비잔티움

카르타고

지 중 해

에루살렘

아라비아

알렉산드리아

이집트

AD 360년경 로마제국

　옥타비아누스가 황제가 되면서 로마는 공화정에서 황제가 다스리는 제정 시대를 맞는다. 그는 41년간 황제(BC 27~AD 14)의 지위에 있으면서 대외적으로는 공화정을 천명하였으나 사실상 제정이었다. 그는 자신의 권한을 원로원에 이양하는 태도를 보이고 원로원으로부터 '아우구스투스(존엄자)'라는 칭호를 받았다. 그러나 이후에도 그는 여러 권력을 절대 놓지 않았으며 오히려 원로원의 정적들을 제거하고 원로원을 자신의 발아래 두었다. 따라서 옥타비아누스의 공화정은 껍데기뿐인 공화정으로 훗날 로마는 공화국이 아닌 로마 제국으로 불리게 된다.

　하지만 로마는 옥타비아누스 황제 시절의 강력한 통치 덕분에 약 200년간 지중해를 중심으로 평화로운 전성기를 열어나간다. 로마는 계속해서 영토를 확장하며 스페인, 프랑스, 영국, 발칸반도를 포함한 유럽 전역을 로마의 통치하에 두게 된다.

2. 제국의 분열과 동서 로마의 분리

옥타비아누스로부터 시작된 200년간의 지중해 평화 시대가 지나가고 AD 3세기에 로마 제국은 일대 위기를 맞는다. AD 235년부터 284년까지 로마군의 장군들이 로마 제국 일부 지역에서 황제를 칭하며 로마에 반항하였다. 비슷한 시기 북방의 게르만족과 동방의 사산 왕조 페르시아는 끊임없이 로마를 괴롭혔다.

여기에다 AD 260년, 로마 제국의 지배력이 미치기 힘든 변방의 속주에서 지역적 반란이 일어난다. 이탈리아 북부와 브리타니아를 중심으로 한 갈리아가 독립 제국을 선언하였으며, 동쪽으로는 시리아, 팔레스티나, 이집트를 중심으로 팔미라 제국이 세워졌다.

그러나 갈리아 제국과 팔미라 제국은 역사 속에서 변변한 기록도 남기지 못한 채 3년 만에 사라지고 만다. AD 274년, 로마의 아우렐리아누스 황제(270~275)에 의해 다시 통합되었다.

AD 285년 디오클레티아누스 황제(284~305)는 통합된 거대 제국을 효과적으로 통치할 수 없다고 판단하고 제국을 동방과 서방, 즉 두 개로 나누어 다스리는 방법을 생각해낸다. 이름하여 '사두정치(Tetrarchia)' 체제를 시행한다. 사두정치는 동방과 서방에 각각 두 명의 정제(Augustus)와 그 밑에 두 명의 부제(Caesar)를 두고 로마를 통치하는 것이었다. 비록 행정적으로는 두 개의 정치 체제가 시행되었지만, 여전히 로마는 하나의 나라였다.

그러다가 디오클레티아누스 다음 로마 황제로 등극한 콘스탄티누스 1세(306~337)의 정치적 판단으로 인하여 하나의 로마는 두 개의 로마로 갈라지게 된다. 그는 우선 기독교도 로마 군주로 알려져 있다. 313년

AD 271년 분할된 로마의 모습

'밀라노 칙령'을 반포하며 사실상 로마에서 기독교를 정식 종교로 승인한다. 이제 로마에서도 기독교를 믿는 것이 죄가 될 수 없었으며, 392년 테오도시우스 황제 때에는 기독교가 로마 제국의 정식 국교로까지 승인된다. 하지만 훗날 로마 연극의 쇠락에 기독교의 영향이 작용했음은 부인할 수 없다. 이후 콘스탄티누스 1세는 330년에 제국의 수도를 로마에서 비잔티움(지금의 터키 이스탄불)으로 옮겼으며 이는 로마 제국이 동서로 분단되는 결정적 원인이 되었다.

이것은 단순한 수도 이전의 문제가 아니라 제국의 권력 중심이 통째로 서방에서 동방으로 이전하였음을 뜻한다. 권력의 중심이 빠져나간 이후로 서방의 로마는 정치 중심지의 지위를 상실하였을 뿐만 아니라 인구 또한 급격히 감소하며 점점 쇠퇴하기 시작한다. 그에 비해 비잔티움은 콘스탄티누스 1세 사후에 그의 이름을 따서 콘스탄티노플로 명명

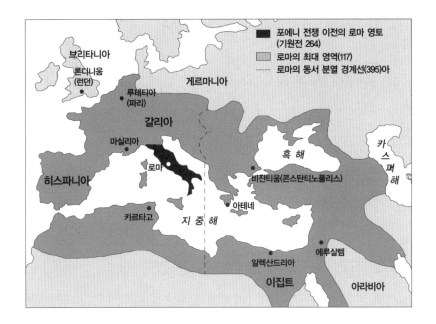

되고 동로마 제국의 또 다른 이름인 비잔틴 제국의 중심이 되어 비잔틴 문화를 꽃피운다. 비잔틴 제국의 콘스탄티노플은 1453년 오스만튀르크에게 함락되는 순간까지 제국의 수도로서 영화를 누렸다.

로마에서 비잔티움으로 수도를 이전한 로마 제국은 테오도시우스 1세(379~395) 황제 때에 이르러 그가 죽기 직전 제국을 양분한다. 동로마는 큰아들 아르카디우스에게, 서로마는 작은아들 호노리우스에게 나누어 맡김으로써 AD 395년에 동서 로마의 분리는 결정적인 사실이 되었다.

3. 서로마의 패망과 로마 연극의 쇠퇴

AD 395년에 분리된 로마는 이제 완전한 두 개의 독립국가였다. 서로마는 라틴어를 공용어로 사용하였으며, 동로마는 그리스어를 공용어로 사용하게 된다. 이미 수도가 비잔티움으로 이동한 가운데 점점 쇠퇴하던 서로마는 AD 476년, 북방의 이민족인 훈족과 게르만족의 침입으로 분리된 지 80년 만에 패망하게 된다. 연극사에서 로마 연극의 쇠퇴는 서로마의 몰락과 궤를 같이하는데, 아직 동로마가 로마라는 이름으로 명맥을 유지하였지만, 서양 역사가들의 시각에서는 언어의 차이와 문화적 이질감 등으로 인하여 서로마의 패망을 로마 제국의 실질적인 멸망으로 본다. 그러면서 서로마의 패망 이후를 중세의 시작으로 보는 견해가 일반적이다.

"로마의 역사, 특히 로마 공화국의 역사는 유럽인에게 대단히 친숙하다. 그들이 고대 로마를 현대 유럽의 여러 나라의 선조로 생각하기 때문인데, 이는 어느 정도 근거가 있는 이야기다. 영국 학생들이 반드시 그리스와 로마의 역사를 상세히 공부하게 되어 있는 것도 그 때문이다."[3] 이에 비해 우리의 역사 인식은 대단히 축소 지향적이고 지엽적이며 때로는 편협하기까지 하다. 우리의 시각, 즉 한국의 관점에서 우리의 역사만을 대단한 것처럼 이야기한다. 그러나 그것은 누구나 빠지기 쉬운 함정이다. 세계의 역사는 하나의 연속된 전체로 파악되어야 한다.

3　Jawaharlal Nehru, 『세계사 편력 1』, 곽복희 · 남궁원 역, 일빛, 2004, 141쪽.

4. 고대 로마의 연극

1) 로마 연극의 시작과 대중 연희

로마는 포에니 전쟁(BC 264~146)으로 지중해의 패권을 장악하며 그리스의 문화와 접촉하게 된다. 그러나 로마인들은 그리스의 비극보다는 오락 위주의 대중 연희를 더 선호하였다. 그리스와 로마의 예술적 차이를 살펴보면, 그리스가 예술, 건축, 철학 등에서 창의력과 상상력을 중시하였다면 로마는 법률, 공학, 군사 등의 실용적인 기술 분야를 발전시켜 나간다.

로마 연극의 시작은 다음의 세 가지를 기원으로 본다.

① 에트루리아(BC 650~450)의 연희 : 에트루리아는 로마 북부에 자리잡고 있던 도시국가로서, 에트루리아 사람들은 종교적인 축제에서 마차경주, 검투, 경품 쟁탈전, 그리고 각종 경쟁 운동경기를 펼쳤다. 여기에다 연기, 무용, 저글링, 연주 등도 함께 즐겼는데 로마가 이 문화를 흡수한 것이다.

② 마임(mime) : 이탈리아반도 남부에서 발생한 마임은 가면을 착용한 배우들이 소규모로 벌이는 음란한 즉흥 연희이다. 유의할 것은 이 당시의 마임 공연을 오늘날의 마르셀 마르소(Marcel Marceau)가 공연하는 것 같은 예술적 마임과 유사하다고 생각해서는 안 된다.

③ 아텔란 파르스(Atellan farce) : 소극(笑劇). 아텔란 파르스 역시 역사적 인물이나 신화를 우스꽝스럽게 각색한 일종의 코미디물이었다.

포에니 전쟁 이후 그리스 비극과 희극의 영향을 받은 로마는 그중에서도 신희극에 관심을 가졌다. 로마인들은 예술의 새로운 방식을 창안하지는 않았지만 뛰어난 실용성을 바탕으로 에트루리아와 그리스의 문화를 자기들의 목적에 맞게 변형하여 토착화시켜 나갔다. 그 예를 찾아볼 수 있는 것이 로마 최초의 축제 루디 로마니(Ludi Romani)였는데, 이 축제는 그리스의 제우스 신에 해당하는 로마의 주피터 신께 바치는 의식이었다. 이 축제가 바로 에트루리아에서 시작되었으며 그리스 문화와 접촉하기 시작한 BC 250년경부터는 연극을 축제에 포함시키게 된다. 그러다가 AD 250년 이후에는 극장에서 1년에 100일이 넘게 공연이 펼쳐졌을 것으로 추정된다.

2) 로마 희극

로마의 희극 작가들은 그리스(헬레니즘)의 신희극에 관심을 가졌다. 그래서 신희극의 형식을 빌린 자신만의 극작술을 완성하는 데 집중하였다. 로마식 희극은 로마 대중들로부터 큰 인기를 누렸는데, 그리스의 희극을 당시 대중들의 기호와 로마의 실정에 맞추어 변형 혹은 개작하는 것이 유행하였다. 로마의 희극 작가 테렌티우스는 자신의 작품이 그리스 희극을 표절했다는 비난이 일자, "표절 사실을 부인하지 않겠다"고 말했으며 "언제라도 표절을 서슴지 않을 것"임을 밝히기도 했다. 그만큼 당시의 로마에서는 헬레니즘 신희극에 대한 변형이나 개작이 일반적인 일이었다.

개작의 유형은 첫째는 그리스 연극에서 막과 에피소드를 구분하던 코러스를 없앴으며, 둘째는 대사에 음악을 첨부하였고, 셋째는 오해를 유발하는 엿듣기 장면을 강조하였다. 로마의 희극은 오늘날 시트콤의 직접적인 조상으로 여겨진다.

3) 로마 비극

로마의 비극에 관한 자료는 현재 극소수만이 남아 있어 추정하기가 쉽지 않다. 다만 BC 1세기 이후로 비극에 대한 대중들의 관심도는 희극만 못했던 것으로 생각된다. 강성한 로마의 사회적 분위기로 봤을 때 비극보다는 여흥에 가깝고 볼거리가 풍성한 대중 연희에 더 흥미를 보였을 것으로 추정된다. 로마 시대의 유일한 비극 작가는 세네카로 그의 작품 9편이 전해진다.

4) 로마의 극장

로마의 극장들은 BC 55년 이후에 지어진 것들이다. 그전까지는 그리스 극장을 개조하거나 임시 목조 건축물을 이용하였다. 로마의 극장은 그리스 극장의 세 가지 기본 구조와 거의 같게 지어졌다.

객석인 '카베아(cavea)', 무대 배경인 '스케나(scana)', 연기 공간인 '오케스트라(orchestra)'다. 변화가 있다면 오케스트라가 원형에서 반원형으로 바뀌었고 스케나 앞으로 오케스트라와 연결된 단상 무대가 있었다. 스케나는 로마 극장만의 특징으로 무대 건물 자체가 연극의 기본 배경으로 사용되었다.

로마의 원형극장 가운데 원형이 가장 잘 남아 있는 극장으로 터키에 있는 아스펜도스 원형극장이 있다. 이 극장은 로마 아우렐리우스 황제

아스펜도스 원형극장의 내부

터키 팜필리아 평원에 세워진 아스펜도스 원형극장

세계사 속의 서양 연극사

때(161~180) 세워졌으며 1만 명 정도를 수용할 수 있었다. 연극공연과 검투장으로 사용되었다.

5) 로마 연극의 작가들

① 플라우투스(Titus Maccius Plautus, BC 254~184)

희극 작가. 남이탈리아의 소극과 그리스 희극에서 힌트를 얻어 신희극을 변형하거나 개작하여 작품을 썼다. 그는 예술적 완성보다는 웃음을 지향했다. 줄거리를 복잡하게 꼬거나 성격의 다양성을 부여하고 당대의 사회상을 과감하게 패러디하였다. 특히 그의 장기는 라틴어로 된 자연스러운 리듬과 운문의 대사였다. 그의 대사는 재치가 있었으며 템포가 빠르고 서민의 일상어를 능숙하게 사용하였다. 그의 극에는 이탈리아 고유의 음악이 삽입되어 연극의 진행에 매우 효과적인 구실을 하였다. 그래서 현대의 뮤지컬 코미디와 흡사하게 보이기도 한다. 물론 메난드로스와 같은 완숙한 섬세함은 빠져 있지만, 상황을 만드는 재능과 언어 감각은 빼어난 작가였다.

100편이 넘는 희극을 창작한 것으로 전해지지만 오늘날에는 21편만이 전해진다. 그의 대표작은 〈메네크미〉이며 이외에 〈마일즈 글로리우스〉, 〈사이비 인간〉, 〈엠피트리온〉, 〈상인〉, 〈카르타고 사람들〉, 〈밧줄〉, 〈카시나〉, 〈황금냄비〉, 〈포로들〉, 〈귀신 들린 집〉, 〈비천한 사람들〉, 〈페르시아 처녀〉 등이 있다.

② 테렌티우스(Publius Terentius Afer, BC 195 또는 185~159)

희극 작가. 테렌티우스 역시 플라우투스처럼 그리스 희극을 모델로 자신의 희극을 완성했다. 하지만 플라우투스의 작품이 감칠맛이 나고 널리 인기를 끈 반면에 테렌티우스는 정교한 플롯(이중 플롯)과 미묘하고 섬세한 표현, 우아한 언어가 특징이었다. 그래서 테렌티우스의 문체가 좀 더 문학적이었으며 덜 과장된 표현 등이 쓰였다. 그 이유를 추정해 본다면, 그는 원래 카르타고 태생으로 노예의 신분이었다. 그런데 그의 재능을 알아본 주인의 도움으로 극작 수업을 받게 되었고 자유인이 되어 극작가가 되었다. 이후에는 당대 최고의 지식인들과 교분을 나누며 그들의 문화를 자신의 희곡에 인용하였다.

그래서 그의 작품에는 세련된 라틴어 구사와 상류층의 절묘한 유머 감각 등이 요소요소에 등장한다. 그의 유머는 우스꽝스러운 움직임보다는 대부분 말로 이루어져 있어서 일반 대중들보다는 식자층에게 환영받는 희극이었다.

테렌티우스는 젊은 나이(25세 혹은 35세)에 죽었으며 6편의 희극을 썼다. 6편의 희극은 오늘날까지 전해지고 있다. 〈안드리아〉, 〈헤키라〉, 〈고행자〉, 〈환관〉, 〈포르미오〉, 〈아델포이〉가 있다.

③ 세네카(Lucius Annaeus Seneca, BC 4~AD 65)

비극 작가. 세네카는 비극 이외에도 자연과학 수필집을 썼다. 하지만 글을 전문으로 쓰는 전문 작가는 아니었다. 그는 정치인이었으며 사상가였다. 특히 네로 황제의 스승으로 유명하다. 네로가 성장하여 황제가 되자 5년간 정부 요직을 두루 거치며 부를 축적하였다. 세네카의 비극 작품으로는 9편이 전해지는데 이것들이 현존하는 로마 비극의 전부이다. 그의 작품들 역시 그리스 비극을 모방한 것들이 대다수인데, 〈헤라클레스〉, 〈트로이아의 여인들〉, 〈메데이아〉, 〈히폴리토스〉는 에우리피데스의 작품을 모방한 것이고 〈오이디푸스〉 〈오이타의 헤라클레스〉는 소포클레스의 작품을 모방한 것이다. 그리고 아이스킬로스를 모방한 〈아가멤논〉이 있다.

그러나 그의 비극들이 실제 공연용으로 쓰인 것인지 아니면 단지 왕족이나 귀족들의 연회에서 읽기 위해 쓰인 것인지에 대해서는 의견이 분분하다. 왜냐하면 공연용으로 쓰기에는 수사적 과장이 심하고 등장인물의 성격이나 심리적 일관성이 빈약하기 때문이다. 수사적 과장이라고 한 것은 장문의 자세한 독백 연기가 있고 도덕적인 격언들이 무수히 많이 삽입되어 있기 때문이다. 그런데도 그의 비극에는 독특한 면이 있다. 그리스 비극과는 반대로 코러스는 연기를 하지 않았으며 유혈이 낭자한 폭력적인 장면을 무대 밖에서 처리하지 않고 무대 위에 노출하였다. 〈티에스테스〉에서는 관객들이 보는 앞에서 자기 아이들의 살을 뜯어 먹고 피를 마시는 장면이 있다. 그리고 유령이나 마녀 같은 초자연적 존재들이 등장한다. 비록 그의 비극들과 그리스의 비극을 견줄 수는 없지만, 후대에 끼친 영향은 대단하다. 세네카가 사용한 비극적 장치들은 언뜻 셰익스피어의 비극과 유사한 플롯을 보여주며 히치콕의 스릴러 영화와도 맥을 같이한다고 할 수 있다.

6) 로마의 대중 연희

플라우투스와 테렌티우스의 희극은 신희극의 모방이었고 세네카의 비극도 그리스의 비극에 비해 탁월하다고 말하기는 어렵다. 따라서 로마인들이 연극 발전에 크게 이바지했다고는 할 수 없다. 하지만 로마인들은 자신들의 기호에 맞게 다양한 대중 연희를 발전시켰다.

로마의 대중 연희는 크게 두 가지로 나누어 볼 수 있는데, 하나는 노래와 춤, 팬터마임, 저글링, 공중제비, 길들인 동물 놀리기 등을 하던 사설 유랑극단 형태의 대중 연희였다. 이 대중 연희는 대본이 필요하지도 않았으며 수준 높은 연극인들의 조직도 필요 없었다. 또한 극장 공간이 아니어도 어디서든 가능했다. 관객들로서도 이를 즐기는 데 특별한 교양이나 사회적 신분이 필요하지 않았기 때문에 모든 계층에서 두루 인기를 얻는 요인이 되었다. 하지만 이들의 대중 연희에는 강한 연극적 요소들이 담겨 있었으며 예술의 암흑기라고 일컫는 중세 시대까지도 계속되면서 연극성의 맥을 이어갔다.

그러나 로마를 대표하는 대중 연희라고 하면 국가의 행정적 지원을 받아 대형 극장에서 펼쳐지는 마차 경기, 검투, 해전 놀이라고 할 수 있다.

① 마차 경기 : BC 7세기~AD 6세기까지 선풍적인 인기를 끌었다.

② 검투 : BC 2세기경에 공식 축제로 편입되었다. 검투 경기는 가상이 아니라 실제 전투를 모방한 오락물로써 참가한 검투사 중 누군가가 죽어야 끝나는 경기였다.

③ 나우마키아 : 원래는 호수나 저수지에서 이루어지던 해상 전투 훈련이었다. 그러다가 이후에 원형극장인 콜로세움에 물을 채우고 배를 띄워 관객들의 흥미를 유발하는 오락거리로 변질하게 된다.

로마의 원형극장 가운데 가장 유명한 콜로세움(AD 80)에는 물을 채울 수 있는 시설이 설계되어 모의 해상 전투를 벌였으며, 검투사들의 결투를 비롯한 맹수들의 싸움, 맹수와 인간의 싸움, 기독교인들을 사자들의

콜로세움

먹이로 던져주는 잔인한 유희들이 이곳에서 벌어졌다. 로마인들은 전쟁이 없는 기간에도 전쟁과 유사한 상황을 만들어 오락으로 즐길 만큼 호전적이었다. 로마는 천 년을 이어온 제국이었지만 멸망을 앞두고는 사치와 빈곤이 함께 하는 나라였다. 원로원의 귀족들은 정복지의 돈과 노예로 호화로운 생활을 이어갔지만, 시민들은 가난했다. 집권층은 대중 연희와 같은 오락물로 시민들의 눈을 속이며 사치와 향락에 빠졌다.

7) 로마 문명[4]의 몰락과 로마 연극의 쇠퇴

로마 연극의 쇠퇴는 다음의 세 가지에서 비롯된 것으로 알려진다.

---

4 "여기서 말하는 문명이란 과연 무엇을 가리키는 것일까? 그것은 다름 아닌 부자

① 330년에 로마의 수도가 비잔티움으로 옮겨가면서 이전의 도시 로마는 점점 쇠퇴하기 시작했다. 더군다나 395년에 동서로 분리된 로마는 사실상 두 개의 나라가 되었으며, 그중에 476년 서로마가 멸망하는 과정에서 도시 로마는 많은 것을 잃었다. 북방의 이민족인 훈족과 게르만족의 침입으로 로마를 비롯한 여러 도시가 파괴되었고 그 과정에서 아리스토텔레스의 『시학』을 비롯한 그리스와 로마의 문학 작품들이 대부분 사라졌다.

② 그러나 전부터 로마의 붕괴 조짐은 여러 곳에서 나타나고 있었다. 특히 상류층들의 사치와 향락은 극에 달했다. 상류층들은 당시의 사치품이었던 향료, 비단, 화장품, 상아 등을 수입하며 로마에 넘쳐나던 금으로 대금을 지급했다. 그러나 수입된 사치품의 양만큼 로마의 금은 빠

들의 문명이며, 정취 있고 강건했던 고대 그리스의 부유층과는 달리 향락만 일삼는 구린내 나고 칠칠치 못한 작자들의 문명이었다. 전 세계에서 식량과 사치품들이 쏟아져 들어오고 엄청난 흥행이 과시되었다. 그런데 이러한 족속들은 오늘날에도 있다! 어마어마한 행사가 벌어지고 굉장한 흥행이 벌어지고 호화로운 행렬이 뒤따르며, 서커스에서는 승부를 다투고 검투사들은 잇따라 죽어갔다. 그러나 이러한 호화판 그늘에는 대중의 궁핍이 있었다. 주로 서민들에게는 무거운 세금이 떨어지고 힘든 노동은 수많은 노예에게 맡겨졌다. 로마의 권세가들은 그들의 의료, 사색, 철학에 이르기까지 모든 것을 그리스인 노예들에게 맡겼다. 그들 스스로 주인 행세를 하는 세계를 탐구하고자 하는 노력이나 교육 같은 것은 손톱만큼도 없었다." 위의 책, 일빛, 2004, 161쪽.
"로마의 시민들은 점차 군대에 들어가 싸우기에는 너무 게으르거나 적어도 전투 능력을 상실했다. 도시나 시골의 시민들은 날로 가난해졌고, 이에 황제는 도시 주민들이 말썽을 일으키지 않게끔 달래줄 필요가 있었다. 황제는 시민들에게 빵을 무료로 배급하고 서커스도 무료로 개방해서 즐겁게 해주었다. 그러는 사이 로마군대의 군인들은 주변의 복속국에서 징집된 '야만인'이라 일컬어지는 외인들로 채워졌다." 위의 책, 163쪽 참조.

르게 바닥을 드러냈다. 금이 부족해진 로마는 화폐를 발행해 다시 금을 사들였지만, 이것은 로마 경제에 인플레이션으로 이어졌다. 그리고 로마의 물가 폭등은 시민들의 피폐한 삶으로 이어졌다. 그렇다 보니 로마의 연극 또한 점점 오락에 가까운 수준으로 타락하더니 급기야는 연극인지 서커스인지 구분하기 어려운 지경까지 가게 되었다.

③ 기독교의 부상은 로마 연극의 쇠퇴에 직접적인 원인이 되었다. 313년 밀라노 칙령으로 기독교가 로마에서 인정되었고, 392년 로마 제국의 정식 국교가 되었다. 기독교 교회는 처음부터 연극에 부정적이었다. 로마 교회는 로마의 대중 연희에 들어 있는 노골적인 성적 표현을 싫어했으며 무대에서 배우들이 표현하는 기독교에 대한 부정적인 장면들을 불쾌해했다. 더군다나 이전 기독교인들에 대한 탄압의 앙금은 공연예술 자체를 노골적으로 부정하는 지경에 이르렀다. 그 예로 일요일에 극장에 가는 사람은 파문한다는 성명이 발표될 정도였다. 그렇게 시작된 교회의 압박으로 제대로 된 연극은 로마에서 자취를 감추게 된다.

기독교의 부상은 중세 시대 신본주의 사상으로 이어지며, 서양 세계는 흔히 얘기되는 문화예술의 암흑기로 접어든다.

제5장

중세 시대

1. 중세 전반기의 시대적 배경

서양 역사에서 중세(Middle Ages)는 대략 서로마 제국이 멸망한 476년부터 1453년 동로마 제국(이후 비잔틴 제국으로 통일)이 멸망한 시기를 말한다. 그러나 역사가들마다 중세를 어디서부터 어디까지로 할 것인가는 여러 이견이 있다. 그 이유는 중세를 잇는 르네상스가 어느 지역 혹은 어떤 예술 장르를 말하고자 하는지에 따라 차이가 발생하기 때문이다. 연극의 예로, 뛰어난 중세의 연극들은 대부분 1350년경에서 1550년경 사이에 만들어진 것들이다. 따라서 연극의 역사로 보면 중세는 좀 더 길어질 수 있다.

이렇듯 천 년도 넘는 장구한 시기를 우리는 어떻게 설명할 수 있을까? 그래서 역사에서는 중세를 초기(476~1000), 성기(1000~1300), 후기(1300~1453)로 나누거나, 혹은 전기(476~1000), 후기(1000~1453)로 나누어 설명하기도 한다. 그러므로 이 책에서는 위의 두 가지 견해 가운데 하나인 전기와 후기의 예를 들어 이야기하고자 한다.

　중세 천 년에 대한 일반적 사회 분위기는 교회와 신앙 중심의 사회였기에 예술의 발전이 상당 부분 위축되었다는 사실이다. 그중 중세 전반기를 문화 '암흑기'라 지칭하는 것에도 거의 동의하는 분위기다. 왜냐하면 이 시기는 문화예술 장르뿐만 아니라 모든 분야에서 역사적 진보를 찾아보기 어렵고, 특히 연극을 위한 극장들이 하나도 건축되지 않아 공연예술이 얼마나 위축되었는지 짐작할 수 있기 때문이다.

　중세 전반기인 476년 서로마는 패망하였지만, 동로마는 비잔티움을 중심으로 비잔틴 문화를 발전시켜 나갔다. 그 시기에 서로마 땅에는 서로마를 멸망시킨 게르만족이 프랑크 왕국(486)을 세운다. 하지만 843년 베르됭 조약으로 프랑크 왕국은 동프랑크, 중프랑크, 서프랑크로 분할된다. 이후 870년 메르센 조약으로 이 세 나라의 영토는 오늘날과 비슷한 독일, 프랑스, 이탈리아 영토의 원시적인 모습을 갖게 된다.

　한편 동방에서는 610년에 무함마드가 알라를 유일신으로 하는 이슬람교를 창시하고 아라비아반도의 메카를 중심으로 빠르게 세력을 확장하였다. 이들은 북쪽으로는 641년, 사산 왕조 페르시아를 정복하고 서쪽으로는 642년, 이집트의 알렉산드리아를 비롯한 튀니지 등 북아프리

 내부 라벨:

프랑크 왕국

산사 왕조 페르시아 정복(651)

당과의 탈라스 전투 승리(751)

비잔티움 제국

흑해

카스피해

아랄해

탈라스

콘스탄티노플리스

부하라

코르도바

지중해

다마스쿠스

크레시폰

카이로

메디나

메카

홍해

AD 750년경 이슬람 제국의 최대 영토

아라비아 해

카를 점령하였으며, 655년, 비잔틴 제국 함대를 소아시아 앞바다에서 격퇴함으로써 비잔틴 제국 교역의 교두보였던 지중해의 해상권도 이슬람이 장악하게 된다. 720년 무렵에는 이베리아반도(지금의 스페인, 포르투칼)를 점령하고 프랑크 왕국과 국경을 이루었으며 751년에는 중국의 당나라와 국경을 맞대는 파미르고원까지 이르는 대제국을 건설한다. 이들이 곧 이슬람 제국이다. 당시의 유럽인들은 이들을 '사라센(Saracens, 동방인)'이라 불렀고 그들의 제국을 사라센 제국이라 칭하였다.

그러나 문제는 이와 같은 정복 전쟁으로 인하여 유·무형의 인류 문화유산이 파괴되었다는 것이다. 서로마가 패망하면서 들이닥친 이민족들에 의해 로마 제국의 여러 도시가 무참히 파괴되었고 로마와 함께 연극의 번성도 종말을 고하였다. 이슬람의 정복 전쟁 역시 그들이 지나간 자리를 폐허로 만들었다. 이집트의 알렉산드리아 도서관에는 고대 그리스와 로마의 주요 서적들이 약 70만 점이나 있었지만, 전쟁으로 인해 거의 사라지고 말았다. 그렇게 보면 서로마의 패망 이후 시작되는 중세 전반기가 왜 문화 암흑기라고 불리는지 알 수 있다. 공연예술의 토대가 모두 파괴된 상태에서 중세가 시작되었기 때문이다.

그나마 비잔틴 제국이 이슬람 세력과 서유럽 사이에서 방패막이가 되어주면서 자신들의 문화를 꽃피운다. 물론, 옛 로마 제국만큼의 영화를 누리지는 못하였고 자국의 영토를 지켜내기에도 버거운 형편이었지만 비잔틴이 세계 문화사에 끼친 공헌은 간과하고 넘어갈 수 없는 부분이 있다.

첫째는 비잔틴의 연극이 고대 그리스와 로마, 기독교적 요소가 가미된 대중 연극이었지만 어찌 되었든 비잔틴의 공연예술은 연극의 명맥을 유지하는 데 공헌하였다.

둘째는 당시의 비잔틴 예술가 중에는 중요 극작가가 탄생하지도 않았으며, 따라서 뛰어난 희곡이 생산되지도 않았다. 하지만 비잔틴 학자들과 교회의 수도사들은 고전의 중요성만큼은 인식하고 있었다. 그래서 고대 그리스와 로마의 문학을 필사본으로 만들어 수도원의 수장고에 보존하고 이를 후대에 전하였다. 그나마 오늘날 아이스킬로스, 소포클레스, 에우리피데스의 몇몇 희곡과 아리스토텔레스의 비평 등이 남아서 전하는 것은 이들의 공헌이라고 할 수 있다. 이들의 노력이 없었다면 후대의 문예부흥은 상상하기 어려웠을 것이다.

이 일화를 소재로 1980년 이탈리아의 작가 움베르토 에코(Umberto Eco)가 쓴 소설이 『장미의 이름(The Name Of The Rose)』이다. 이 소설은 1986년 영화화되기도 하였다. 그렇게 본다면 기독교의 핍박으로 연극이 억압받던 시기에 교회의 도움으로 연극이 전해졌다는 건 아이러니가 아닐 수 없다.

2. 중세 후반기의 시대적 배경

중세 후반기를 설명하는 주요 키워드는 '왕권과 교황권의 다툼', '기독교와 이슬람의 종교적 대립인 십자군 전쟁'이다.

1) 왕권과 교황권의 다툼

'왕권과 교황권의 다툼'에는 우선 교회 내부의 갈등과 분열이 있었다. 일반적으로 동방교회와 서방교회가 서로를 파문하며 갈라진 때를 1054년으로 보고 있지만 사실상 분열의 징조는 더 오래전부터 잉태되고 있었다.

고대 로마의 원형경기장인 콜로세움에서 맹수들의 먹잇감이 될 정도로 로마에서 박해를 받던 기독교가 313년, 콘스탄티누스 황제에 의해 정식 종교로 승인받고, 330년에는 제국의 수도가 비잔티움으로 옮겨간다. 이때 원래 수도였던 서방의 로마는 점점 쇠락의 길을 가게 된다. 하지만 수도의 이전은 왕을 중심으로 한 정치 권력의 이동이었을 뿐, 종교 권력의 중심이었던 교황청은 여전히 로마에 있었고 비잔티움에는 로마 교황이 임명한 총주교가 교회를 관장하고 있었다. 그러다가 476년 서로마가 패망하는 일이 발생하자 동방의 비잔티움 교회는 로마 제국의 계승권이 자기들에게 있음을 주장하였다. 하지만 로마 교황청은 이를 인정할 수 없었다. 그러면서 동방의 비잔티움 교회와 서방의 로마 교황청은 무려 500년 넘게 로마교회의 계승권을 놓고 다툼을 벌인다. 지루한 싸움의 결말은 결국 1054년, 서로를 파문하면서 비잔티움(콘스탄티노플)을 중심으로 하는 동방정교회와 로마를 중심으로 하는 서방교회,

즉 로마 가톨릭으로 영원히 분열되고 만다.

이 다툼의 원인을 좀 더 자세히 살펴보면, 서로마가 패망하고 난 다음 서로마 땅에는 황제가 없었다. 이후 프랑크 왕국의 뒤를 이어 962년 신성로마제국(지금의 독일과 이탈리아 북부)이 들어선다. 하지만 그 이전부터 황제가 없는 자리를 교황이 대신하며 교황의 권한은 막강해져 있었다. 반면 비잔틴 제국은 여전히 황제의 지배 아래서 교회를 관장하는 제도였다. 이에 로마 교황청은 비잔틴의 황제를 인정하는 대신 비잔티움 교회만은 자기 관할 아래 두고자 했다. 그러나 비잔티움 교회는 이에 반발하고 결국 분열의 길을 것이다.

하지만 교회 분열의 원인을 교황권의 문제만으로 설명하기는 어렵다. 서방교회와 동방교회는 지리적으로 너무 멀었으며, 시간상으로도 너무 오랫동안 갈라져 있었다. 특히 비잔티움은 지리적 위치 때문에 계속해서 동방의 문화와 접촉하게 되었고 서방교회와 신학적 관점에서도 계속해서 차이가 발생했다. 또한 서방은 라틴어를 공용어로 사용했고 동방은 그리스어를 사용했는데, 언어의 차이는 곧 문화적 이질감을 더욱 고착화하는 계기가 되었다. 결국 교회의 분열은 중세를 더욱 깊은 암흑 속에 빠지게 한다.

왕과 교황이 대립하는 직접적인 사건은 1077년, 왕과 교황이 성직자 임명권을 놓고 벌인 이른바 '카노사의 굴욕'이라고 불리는 사건 때문이다. 이 사건은 신성로마제국의 하인리히 4세가 1073년 24세의 나이로 황제에 오르며 시작되었다. 당시의 교황은 그레고리우스 7세였는데, 교황은 그동안 국왕의 권한으로 인정되었던 성직자 임명권을 교회의 권한으로 회수하고자 하였다. 교회의 처지에서 보자면, 성직자 임명권을 속세의 국왕이 가지고 있는 것은 교회의 권위에 비추어봤을 때 위엄이

서지 않았다. 따라서 관리의 임명도 아닌 성직자 임명권이 교회의 최고 권력인 교황에게 있어야 함은 당연했다.

그러나 하인리히 4세는 이를 거절하였고 자신을 따르던 제후들, 그리고 일부 주교들과 함께 교황 그레고리우스를 폐위시킨다. 이에 교황 또한 황제를 파문하는 것으로 맞대응한다. 파문 소식을 들은 하인리히 4세의 지지자들은 황제에게서 등을 돌리고 오히려 황제인 하인리히를 추방하기로 결의한다. 교황에 맞설 힘을 잃은 황제는 교황에게 용서를 빌고 훗날을 기약하는 것밖에는 선택지가 없었다. 위기의식을 느낀 하인리히 4세는 왕비와 왕자 그리고 몇 명의 신하를 거느리고 교황 그레고리우스를 찾아간다. 이때 교황은 이탈리아 북부의 작은 성(城) 카노사에서 쉬고 있었다. 그러나 교황은 황제에게 성문을 쉽게 열지 않았다. 하인리히 4세는 눈보라 속에서 추위에 떨며 맨발과 수도사들이 입는 누더기를 걸치고 3일간을 굶으며 기다렸다. 3일째 되는 날, 마침내 성문이 열리고 교황 그레고리우스는 하인리히 4세가 미사에 참석하여 십자가 앞에 무릎을 꿇는 것으로 파문을 거두어들인다.

카노사의 사건이 있고 나서 왕에 의한 성직자 임명은 사라졌다. 이는 교황권의 완전한 승리를 의미했다. 그러나 하인리히 4세는 이 굴욕을 거울 삼아 왕권 강화에 힘을 기울인다. 1080년 교황 그레고리우스 7세는 하인리히 4세를 다시 파문하지만, 왕권은 이전보다 훨씬 강력해져 있었다. 오히려 하인리히 4세는 교황 그레고리우스를 다시 폐위하고 새로운 교황을 옹립하며 또다시 혼란은 계속되었다.

결국 왕권과 교황권의 다툼은 이들이 죽고 난 후에 하인리히 5세와 교황 칼릭스투스 2세가 1122년 보름스 협약을 맺으며 일단락되었다. 이 협약으로 다툼의 불씨였던 성직자 임명권은 교황의 권리로, 성직자들에게 내리는 토지는 황제의 권한으로 인정되었다. 그리고 성직자 임명에 황제가 참석하는 것으로 두 권력은 화해하였다.

하지만 이후로도 왕권과 교황권의 소소한 다툼은 계속 일어났다. 그러나 1096년, 십자군 전쟁(1096~1272)의 소용돌이 속에서 서방은 십자군을 모집하게 된다. 그 과정에서 제후들과 군중들을 설득하는 데 교황의 힘은 절대적 영향력을 행사하며 교황권에 다소 힘이 실리게 된다.

2) 기독교와 이슬람의 종교 대립-십자군 전쟁

'기독교와 이슬람의 종교 대립'은 십자군 전쟁으로 표면화된다. 십자군 전쟁은 총 8차에 걸쳐 일어났는데, 1차 원정의 승리를 제외하고는 모두 이슬람의 승리로 끝난 전쟁이다.

당시 이슬람 제국의 패권은 셀주크튀르크였는데, 이들은 비잔틴 제국은 물론 서방 세계에도 계속해서 위협적인 존재였다. 더군다나 기독교인들의 성지인 예루살렘을 장악하고 있었다. 따라서 유럽인들의 성지 순례는 큰 난관에 봉착하게 된다. 이에 비잔틴 제국의 황제였던 알렉시우스 1세는 로마 교황 우르바누스 2세에게 군사적 원조를 요청하게 된다. 1095년, 교황은 프랑스에서 열린 클레르몽 종교회의에서 이슬람으로부터 성전을 되찾자고 서방 세계에 호소하며 다국적 군대의 결성을 주장한다. 결국 1차 십자군 원정대(1096~1099)가 결성되어 예루살렘으로 출정한다. 그러나 사실 성지 탈환은 표면적인 이유에 불과했다. 교황 우르바누스 2세는 분열된 동서 교회를 통합하여 명실상부한 절대적 교황권을 확립하는 데 욕심이 있었으며 원정에 참여한 영주와 기사들은 새로운 땅과 재물을 얻을 욕심을 품었다. 이외에도 상인들은 원정

물자 조달을 통해 커다란 부와 동방 세계와의 무역을 통한 경제적 이득이 목표였고 농민들은 농노의 신분에서 벗어나기 위해 전쟁에 참여했다. 이유가 어찌 되었든 원정대의 목표는 분명했고 1099년, 1차 원정에서 예루살렘을 탈환하면서 십자군은 승리한다.

이러한 십자군 원정을 배경으로 2005년 제작된 영화가 〈킹덤 오브 헤븐(Kingdom Of Heaven)〉이다. 이 영화의 배경은 엄밀히 얘기하면 3차 십자군 원정 직전의 예루살렘 왕국이 배경이다. 영화에서는 예루살렘 왕국의 보두앵 4세(재위 1174~1185)가 살라딘을 설득하여 전쟁 없이 사태를 마무리한다. 그리고 영화에서는 보두앵 4세를 나병 환자로 설정하고 은(銀) 가면을 씌워 영화에 긴장감을 고조시킨다. 그러나 보두앵 4세가 죽고 난 다음 1187년 이슬람의 영웅 살라딘에 의해 예루살렘은 다시 이슬람에 함락된다.

예루살렘의 함락 소식을 들은 서방 세계는 3차 십자군을 조직하지만, 1차 십자군 원정의 승리 이후 2차~8차에 이르는 200여 년의 십자군 원정은 별다른 성과 없이 1272년 서방 세계의 패배로 끝난다.

십자군 원정의 실패 원인을 꼽자면, 첫째는 초기의 종교적 열정에서 상업적 욕심으로 목적이 변질한 것이다. 전쟁이 장기화하면서 종교적 열정은 사라진 십자군에게 예루살렘은 더는 목숨을 걸고 탈환해야 할 성지가 아니었다. 더군다나 먼 타국까지의 원정을 신앙심 하나로 버티기에는 무리였다. 둘째는 서방 세계가 갖고 있던 동방 세계에 대한 편견과 무지였다. 서방은 동방의 특성을 알지 못한 채 오래전부터 동방에 대한 우월의식이 있었다. 그러나 서방의 침입으로 분열되어 있던 동방의 이슬람은 하나로 결속했다. 셋째는 불리한 군사력이었다. 이슬람은 동방의 영토 분열로 이미 강력한 전투력을 확보하고 있었다. 그러나 십자군은 훈련과 무장이 부족한 상태였다. 이들은 교황의 설교만을 믿고 신앙심에 의지한 채 무작정 원정에 참여한 농부들이 대다수였다.

십자군 원정의 실패로 교황의 권위는 추락했고, 원정에 참여한 봉건 영주들, 즉 기사 계급은 몰락했다. 그러면서 중세의 봉건제는 점차 힘을 잃어간다. 그러나 상인 계급들은 십자군 원정에 무기나 식량을 대주며 큰 이득을 챙겼다. 또 전쟁물자의 집합지였던 이탈리아의 여러 도시가 성장하게 된다. 십자군 원정 이후 성장한 도시들은 지중해를 중심으로 내륙과 해상을 연결하는 상업 도시로 성장하면서 중세의 봉건 사회는 그 기반을 상실하게 된다. 또한 십자군 전쟁을 계기로 서방 세계는 비잔틴 문화와 이슬람 문화를 접하게 되고, 이는 르네상스가 시작되는 촉매제로 작용한다.

3. 중세 시대의 연극

1) 중세 전반기 연극

보통 '문화 암흑기'라 불리는 이 시기는 문화적 · 역사적인 진보가 거의 없던 시기로 알려져 있다. 그러나 최근의 역사가 중에는 중세 전반기를 중세 후반기의 발전상에 실질적인 토대가 된 시기라고 주장하기도 한다. 그렇게 본다면 문화 암흑기란 용어는 중세 전반기에만 통용될 수 있는 용어라 할 수 있다.

중세 전반기의 사회질서는 로마 가톨릭에 의해 유지되었으며 정치 지도자들 역시 교회의 영향력에서 벗어날 수 없던 시기였다. 그렇다면 교회의 지배 아래 억압과 박해를 받은 연극이 중세 전반기에는 어떻게 명맥을 유지하였을까?

중세 전반기는 고대 그리스나 로마 시대의 연극 형태가 아니라 소극, 아크로바틱, 서커스와 같은 연희를 제공하는 유랑극단이 있었던 것으로 추정된다. 그리고 외설적인 내용으로 지탄받던 마임도 시민들의 지지를 받으며 교회의 눈을 피해 공연되었다. 따라서 중세의 암흑기에도 연극은 기독교 세력의 억압을 피해 근근이 이어져오고 있었다.

2) 중세 후반기 연극

중세 후반기인 11세기경쯤 아이러니하게도 연극이 교회 안에서 공연되기 시작한다. 그것은 교회가 연극을 인정해서가 아니라 글을 읽고 쓸 줄 모르는 사람들에게 기독교 교리를 전파하기 위한 전도의 목적이었다. 당시의 성경은 모두 라틴어였는데, 라틴어는 일반인들이 배우기에는 어려운 언어였다. 그런 라틴어를 사제의 설교만으로 전파하는 데는 한계가 있었다. 그래서 성경의 내용을 연극으로 만들어 일반 대중에게 보여주었고 이 방법은 의외의 성공을 거두게 된다. 볼거리가 별로 없던 시대에 많은 사람은 종교적 믿음에 개의치 않고 단순히 연극을 보기 위해 교회로 모이게 된 것이다.

그런데 교회 안에서의 연극은 시간이 지나면서 몇 가지의 새로운 문제점을 노출하게 된다. 이러한 문제점은 결과적으로 중세 후반기 연극 환경에 영향을 주게 된다.

① 장소의 문제 : 종교적인 목적의 연극이었지만 오락거리가 많지 않

던 시절에 사람들은 연극을 보기 위해 교회로 몰렸다. 그러자 교회의 실내는 많은 사람을 수용하는 데 한계를 보였다. 그러면서 연극이 실내에서 실외로 옮기게 된다.

② 비용의 문제 : 종교극이었지만 시간이 갈수록 연극에 대한 사람들의 요구는 정교하게 잘 만들어진 연극을 원하게 되었다. 이에 따라 연극에는 값비싼 기계 장치들이 동원됐고 규모도 점점 커졌으며 결국 가설무대는 한계에 이른다. 하지만 교회는 돈이 많이 드는 연극 재정을 감당할 여력이 없었다. 그러자 교회는 비교적 재정적 여유가 있던 시장 상인들에게 도움을 요청했다. 중세 후기는 상업 도시가 번창하던 시기였고 상인 조합인 '길드(guilds)'가 만들어진 시기이다. 길드는 분야별로 자신의 이익에 부합하는 연극에 제작 비용을 대며 '조합연극'이 생기게 된다. 하지만 여전히 연극의 내용이나 주제는 교회의 통제 아래 있었다.

③ 종교적 문제 : 전도가 목적이긴 하였지만, 어찌 됐든 신성한 교회에서 연극을 하는 것에 반발하는 교회 내부의 세력도 분명 존재했다.

④ 언어적 문제 : 중세 연극의 중대한 변화라면 14세기 '연극 언어의 변화'가 있다. 중세 전반기의 종교연극은 학문과 교회의 언어였던 라틴어로 공연되었다. 배우들의 대사도 모두 라틴어였다. 이 때문에 교회 관계자들은 연극이 과연 교회의 교리를 잘 전달하고 있는지 의심스러워했다. 그러면서 교회는 좀 더 효과적인 방법으로 연극에서 사용하는 언어에 라틴어만을 고집하지 않고 각 나라의 일상어(자국어)로 바꿔 공연하게 된다. 그러자 연극 인구는 급격하게 늘어났으며 교회는 이 사람들을 모두 수용하지 못하는 처지에 놓인다. 여기에다 라틴어를 익힌 성직자들만 할 수 있었던 연극배우를 일반 평신도도 할 수 있게 되면서

배우의 인기도 높아졌다.

이러한 몇 가지 이유로 13세기~14세기가 되면 연극은 실내에서 실외로 완전히 나오게 된다. 그러면서 연극은 사람들의 더 많은 지지를 얻게 되었고 차츰 교회의 힘으로부터도 독립하게 된다. 더구나 제작비를 대는 상인들의 입김이 작용하며 연극은 조금씩 종교적 색깔에서도 벗어난다. 중세 후반에 나타난 교회 연극의 실외 진출과 프랑스어, 이탈리아어, 스페인어, 영어 등으로 만들어진 종교극은 유럽 전역에서 인기를 끌게 된다.

3) 중세 시대의 종교극과 세속극

종교극 : 신비극(또는 순환극), 기적극, 도덕극

세속극 : 민속극(민족극), 소극

① 신비극(또는 순환극)

신비극은 천지 창조부터 최후의 심판에 이르는 일련의 성서적 사건을 극화한 연극이다. 신비극은 종교의식 가운데 잠깐씩 상연되던 것이 아니라 한편의 독립된 형태로 종교의식과 분리되어 진행되었다. 비록 작은 규모의 연극이었지만 그 내용은 연속적으로 이어지게 되어 있었으며 같은 장면들이 반복적으로 등장하여 순환적인 구조를 이루고 있어서 '순환극'이라는 별칭이 생기게 되었다.

신비극은 야외 공연에 가장 적합한 5월~6월 사이에 길게는 40일간, 짧게는 2~3일 동안 공연되었다. 그리고 새벽녘에 시작되기도 하였으며 점심을 먹기 위해 쉬었다가 해가 질 때까지 이어지기도 하였다. 전해오는 기록에 따르면, 1501년에 벨기에의 몽스(Mons)에서 공연된 〈노아의 방주〉는 40일간 쏟아지는 비를 표현하기 위해 무대 뒤편 건물에 수십 개의 와인 통을 갖다 놓고 신호에 맞춰 와인통에 저장된 물을 아래로 쏟아부었다. 이 장면은 5분간 지속되었다. 이 연극에는 150여 명의 배우가 투입되어 4일간 진행되었다. 1536년 프랑스의 부르주(Bourges)에서 공연된 〈사도신경〉은 300명의 배우가 출연하여 40일 동안 계속되었고 1547년 프랑스의 발랑시엔(Valenciennes)에서 올려진 예수의 수난극은 25일 동안 계속되었다.

이처럼 수십 일간 계속되는 신비극에는 당연히 막대한 제작비가 들어갔다. 이에 교회는 연극 재정을 감당하기가 점차 버거워졌으며 결국에는 상인들의 조합인 길드의 후원을 받아 연극을 제작하게 된다. 예수가 빵을 건네는 장면 때문에 빵 제조업자들은 〈최후의 만찬〉 제작에 참여했고, 선박 제조업자들은 〈노아의 방주〉, 금세공업자들은 〈동방박사들의 방문〉에 자금을 댔다. 길드의 참여로 연극은 종교적 색채만을 고집하기가 어려워졌고 교회는 상인들의 뜻을 반영하지 않을 수 없었다. 길드의 참여로 중세의 연극은 점차 도시 행사나 상업적 행사에 초대되어 공연되기 시작한다.

② 기적극

극적 기법은 신비극과 거의 같지만 내용에 있어서는 기적을 행한 성직자의 삶과 업적을 중심으로 연극이 진행되는 차이점이 있다. 가장 많이 회자한 기적극의 주인공으로는 동정녀 마리아 이야기가 있다.

③ 도덕극

도덕극은 우화적인 인물을 통해 도덕적 교훈을 주는 내용이다. 도덕극이 종교극인지에 대해서는 아직 설왕설래가 있다. 왜냐하면 주인공이 성경 속의 인물이 아니라 평범한 인물이었으며 주인공이 겪는 일련의 시련과 위기를 극복하는 과정이 연극의 주된 내용이었기 때문이다. 가장 유명한 도덕극으로는 〈아무개씨(Everyman)〉가 있는데, 어느 날 아무개씨가 하느님의 사자(Death)로부터 죽음을 통보받는다. 혼자 가는 것이 무서운 아무개씨는 자신이 흠모하던 친구(지식, 미모, 재산의 상징)들에게 동행을 부탁하지만 거절당한다. 그런데 전혀 생각지도 못했던 친구(선행 : 자기도 모르게 쌓았던 착한 일)의 동행으로 그는 다시 현실로 세계로 돌아온다. 공연 시간은 대략 1시간 정도이고 등장인물의 숫자도 많지 않아서 큰 극단보다는 작은 규모의 직업 극단들에 의해서 주로 공연되었다. 도덕극은 보편적이고 인간적인 교훈을 제시하며 관객들의 인기를 얻었다.

④ 민속극과 소극(笑劇)

세속극으로 분류되는 민속극과 소극은 대체로 코믹하면서도 불경스러웠다. 민속극은 각 지역의 민족적 영웅에 대한 모험담과 업적을 극화한 것이다. 소극은 인간의 허영이나 세속적인 욕심 등을 코믹하게 만든 연극으로 정치, 교회 등의 권력층을 희화하거나 풍자한 연극이었다. 프랑스의 아라스(Arras) 지방을 배경으로 아담 드 라 알르(Adam de la halle)의 작품인 〈푸른 숲의 연극(The Play of Greenwood)〉이 현존하고 있다. 소극은 유럽 대부분 지역에서 인기를 끌었다.

4) 중세 종교극의 쇠퇴 이유

① 교회 지도자의 부패와 타락 : 16세기 면죄부 판매로 교회에 대한 개혁 요구가 교회의 신뢰도를 떨어뜨렸다.

② 교회와 신의 능력에 대한 회의감 : 흑사병으로 유럽 인구의 3분의 1이 사망하였으나 전염병으로부터 자신을 지켜주지 못하는 종교에 대한 실망이 컸다.

③ 교단의 금지 : 로마 가톨릭은 1548년 파리에서의 종교극을 불법화하였다. 여기에다 개신교(1517년 종교개혁)는 종교극을 가톨릭교의 도구라고 생각했다. 영국에서는 1558년 엘리자베스 1세가 즉위하며 모든 종교극을 금지하였다.

중세의 사회적 분위기는 말기로 갈수록 종교에 대한 불신과 기대감이 하락하면서 종교극도 쇠퇴하기 시작한다.

제6장

르네상스 시대

1. 시대적 배경

서양 역사에서 르네상스(Renaissance)는 1453년 비잔틴 제국(동로마)의 멸망에서부터 이후 200년, 그러니까 1650년까지로 추산되는 시기를 말한다. 그러나 때에 따라서는 1400년, 혹은 그 이전부터 시작되었다고 보기도 하며 끝나는 시점을 17세기 말까지 폭넓게 해석하는 시각도 존재한다.

중세 십자군 원정의 실패로 콘스탄티노플(비잔티움)은 옛날의 위용을 상실해갔다. 이후 1453년 당시 동방의 패권을 쥐고 있던 오스만튀르크에 의해 콘스탄티노플이 함락되면서 천년의 비잔틴 제국도 막을 내린다. 사실 십자군 원정 이후, 교황으로 대표되는 교회의 영향력은 쇠퇴하였고 상대적으로 왕과 군주들의 힘이 강화되었다. 그러면서 신본주의로 대표되던 중세는 인간 중심의 인문주의가 사회문화 전반에 적용되는 르네상스의 도래를 알린다.

르네상스란 용어는 프랑스어로 '재생'을 뜻한다. 재생은 중세 암흑기를 거치며 단절되었던 고전 시대의 가치, 즉 고대 그리스와 로마 시대의 부활을 시도했던 창조적 재생 운동이었다. 르네상스는 유럽 문명사에서 과학혁명과 함께 문화, 예술 전반에 걸쳐 인류 문명사에 전환점이 되는 시기이다. 중세가 신(神)을 중심으로 신이 인간의 세계관을 지배하는 시대였다면, 르네상스 시대에 들어서면서 사람들은 개인의 중요성을 인식하고 인간이 모든 것의 척도였던 고대 그리스와 로마의 문학과 사상을 통해 인간 중심의 문화를 회복하고자 하였다.

그러나 이러한 인본주의적 사상은 이미 중세 말기에 여러 작가에 의해 시작되고 있었다. 이탈리아 피렌체 사람인 단테(Alighieri Dante, 1265~1321)를 비롯해 시인 페트라르카(Francesco Petrarca, 1304~1374)와 보카치오(Giovanni Boccaccio, 1313~1375)의 문학이 신이 아닌 인간에게 초점을 맞추어 탐구되기 시작했다.

특히 단테의 『신곡(神曲, La Divina Commedia)』은 1308년부터 1321년에 걸쳐 쓰였으며, 중세의 암흑을 걷어내고 르네상스의 문화사적 지평을 연 문학작품으로 평가된다. 단테는 『신곡』을 상류층 언어인 라틴어가 아니라 자국의 친숙한 일상어(토스카나 방언)로 집필하면서 대중들의 친밀도를 높였다. 단테의 『신곡』은 기독교 신앙에 근거한 세계관을 반영하고 있어 중세적 한계를 보인다는 비판을 받기도 하지만, 단테를 연옥으로 인도하는 이성적인 안내자 베르길리우스을 통해 신을 믿는 인간의 올바른 믿음이란 무엇이며, 그 믿음에 대한 선택은 누구에게나 열려 있고 그것은 인간의 자유의지라고 얘기한다.

그러면 르네상스는 구체적으로 어디를 말하는 것일까? 르네상스를 시기적으로 구분하는 데 다양한 의견이 있는 것처럼 지역적으로도 정확히 구분하기에는 어려움이 있다. 문예부흥이란 것이 지역마다 시간적 편차를 두고 점진적으로 퍼져나간 문화혁신 운동이고 보면 어느 지역에서는 여전히 중세적 모습으로 남아 있었다. 예를 들어 전통적인 견해에 따라 이탈리아 중부의 상업도시 피렌체를 르네상스의 시작이라고 본다면, 아직 그 외의 이탈리아나 프랑스, 영국, 독일, 스페인 등에는 르네상스가 도래하지 않고 있었다. 이러한 관점

로댕 〈지옥문〉 6.35x4x0.85m 1880~1917

은 르네상스 시기를 지역적 문예부흥 시기에 따라 '영국 르네상스', '스페인 르네상스' 등의 용례로 사용하기도 한다. 지금에 와서는 어떤 특정 분야의 전성기나 융성기를 지칭하는 조어(造語)로서도 널리 쓰인다.

유럽 문명사에서 르네상스 시기는 새로운 발명이나 발견들이 문예부흥에 이바지했다. 1450년경 구텐베르크가 개발한 금속활자 인쇄술이 성서와 문학작품의 대량 생산(그리스와 로마의 극작가들 작품이 출판되기 시작)을 가능하게 함으로써, 당시로서는 성직자와 부유층의 전유물이었던 지식이 대중에게 전파될 수 있었다. 미술에서는 원근법이 나오면서 새로운 화풍이 생겨났고 이는 훗날 무대 배경에 비약적인 발전을 가져온

다. 1492년에는 항해술의 발달로 이탈리아 사람인 콜럼버스가 스페인 국왕 이사벨라의 후원으로 아메리카 신대륙을 발견하며 대항해 시대를 열었다. 1543년 코페르니쿠스가 처음으로 지동설을 주장하였으며, 훗날 이탈리아 피렌체 출신 천문학자 갈릴레오가 1610년 천체망원경을 이용해 우주의 중심이 지구가 아니라 태양임을 증명하며 인류에게 새로운 세계관을 열었다.

2. 이탈리아의 르네상스

그러면 르네상스는 왜 이탈리아에서 먼저 시작되었을까? 먼저 경제적 요인을 들 수 있다. 고대 그리스와 로마의 찬란했던 옛 고전들을 부활하는 데는 경제적인 뒷받침이 필요했는데, 이때 이탈리아 상인들의 자금이 큰 역할을 하였다. 당시의 이탈리아는 국왕이나 군주 정치 체제가 아니라 교황령을 제외하고 도시국가와 소국들로 분열되어 있었다. 그런 와중에 피렌체, 베네치아, 피사, 밀라노 등의 도시들은 지중해를 중심으로 동방과 서방의 문물이 교역하기 유리한 지리적 위치에 있었다. 도시의 상인들은 이러한 지리적인 이점을 이용해 교역량을 늘려가며 막대한 부를 축적한다. 이들은 자신들의 부를 이용해 경제뿐만 아니라 정치, 문화, 예술 분야로까지 영향력을 확대해 나간다.

셰익스피어의 초기작인 〈로미오와 줄리엣〉의 무대가 이탈리아의 상업 도시 베로나였으며, 1596년에서 1598년 사이에 쓰인 것으로 추정되는 〈베니스의 상인〉도 이탈리아의 베네치아를 배경으로 하고 있다. 이 희곡은 샤일록을 악랄한 고리대금업자로 묘사하며 당시의 유럽 사회가

이탈리아의 상업 도시

갖고 있던 유대인에 대한 편견을 잘 보여주고 있다.

이탈리아 르네상스에 영향을 준 가장 대표적인 상인 가문으로는 피렌체에서 상업과 금융업으로 엄청난 재산을 모은 메디치(Medici) 가문을 들수 있다. 이들은 재력을 이용해 도시 자치권을 사들이고 영주나 교황의 간섭에서 벗어나 새로운 분위기의 도시를 설계하였다. 특히 이탈리아 르네상스의 절정기를 이끌었던 로렌조 드 메디치(Lorenzo de' Medici)는 자신의 막대한 재산을 예술가들 후원에 사용했는데, 이러한 소식이 퍼지면서 수많은 예술가가 피렌체로 모이게 된다. 그러면서 피렌체는 자연스럽게 이탈리아 예술의 중심지가 되었고 이러한 흐름은 로마와 베네치아 등 주변의 다른 도시로도 퍼져나간다.

그러나 사실 이러한 상인 계급에서 예술에 관심을 가진 이유는 따로 있었다. 이들은 장사를 통해 재산을 모았지만, 중산층 계급이었고 항상 귀족들과 비교해 지식과 교양에서 열등감을 느끼고 있었다. 그런데 예술 분야는 이러한 자신들의 열등감을 채워주고 넘치는 재물을 과시할 좋은 기회의 장이었다. 또 다른 이유로는 상인들은 귀족들의 자제들과 비교해 수준 높은 교육을 받을 기회가 적었다는 것이다. 자신들은 비록 늦었지만, 자식들에게만은 귀족을 능가하는 교육을 받아 지식인으로 성장하기를 바랐다. 이들의 교육열은 이탈리아에 능력 있는 선생들을 모이게 했고 사회적으로도 지식인에 대한 우대는 이탈리아 르네상스를 발전시키는 한 가지 요인이 되었다.

　그러나 무엇보다도 이탈리아 르네상스에 영향을 미친 것은 고대 그리스와 로마의 철학과 문학이다. 그리스와 로마의 고전이 이탈리아에 전해질 수 있었던 것은 당시 비잔틴 출신의 학자들에 의해서다. 고대 그리스, 로마의 문학과 역사 등은 서방 세계와 이슬람 세계에서는 모두 무시되고 있었다. 하지만 비잔틴 학자들만은 고전의 가치를 알아보았고 이것들을 보존하고 있었다. 그런데 1453년 비잔틴 제국이 셀주크튀르크와의 전쟁 조짐을 보이자 비잔틴의 학자들은 그리스, 로마의 고전 문헌들을 가지고 전쟁을 피해 이탈리아로 넘어오게 된다. 이때 학자들뿐만 아니라 기술자들이 이탈리아로 대거 유입되면서 이들이 가져온 책과 기술이 르네상스에 초석을 놓게 된다. 그리고 때마침 개발된 인쇄술은 그리스와 로마의 고전들이 출판[1]되고 고전 연구가 활발해지는 계기가 되었다. 이에 이탈리아에서는 인문주의를 바탕으로 회화, 조각,

---

1　이렇게 영향력 있는 작품들이 출판될 수 있었던 것은 구텐베르크가 발명한 인쇄술로 가능할 수 있었다. 아리스토파네스의 작품들은 1498년 베네치아에서 출판되었고, 소포클레스의 작품들은 1502년에, 에우리피데스의 작품들은 1503년에. 그리고 아이스킬로스의 작품들은 1518년에 각각 출판되었다. 에드윈 윌슨 · 앨빈 골드퍼브, 『세계연극사』, 김동욱 역, 퍼스트북, 2015, 179쪽.

건축 등이 옛 고전의 부활을 알리며 활발하게 일어난다.

3. 이탈리아 르네상스 시대의 연극

연극은 회화, 조각, 건축 등에 비해 상대적으로 더디게 발전한다. 특히 회화에 있어서 르네상스 시대의 3대 천재 화가로 불리는 레오나르도 다빈치(1452~1519), 미켈란젤로(1475~1564), 라파엘로(1483~1520)의 주요 활동 시기가 15세기 말임을 고려할 때, '이탈리아 르네상스'와 '이탈리아 르네상스 연극'은 시기적으로 약간의 차이가 발생한다.[2] 이를테면 르네상스가 1453년부터 이후 200년까지라고 한다면 연극은 그보다 늦은 1550년~1650년경에 변화를 맞게 된다. 그러므로 연극적으로는 이 시기가 이탈리아 연극의 르네상스였다고 할 수 있다.

이탈리아 르네상스 작가들은 중세 시대에 예술적 기반이 무너진 상태에서 새로운 상상력을 발휘하기보다는 일단 그리스나 로마의 극형식과 플롯을 모방하여 문화예술을 부흥시키는 데 관심을 가졌다. 이들은 그리스와 로마 연극의 극형식과 플롯을 규칙화하여 이탈리아 연극에 적용하였으며, 이후 200년간 유럽 연극에 영향을 미친다. 17세기의 프랑

---

2 르네상스가 일어났던 당시의 이탈리아 사람들은 자신들이 살았던 시대를 르네상스로 부르지 않았다. 이것은 18세기 영국의 산업혁명 역시 마찬가지였었다. 그 당시를 살았던 사람들은 어떠한 의도나 목적을 가지고 무언가를 개혁하려 한 것은 아니다. 그것은 여러 요인이 시기적으로 잘 맞아 떨어진 기막힌 자연 발생적 우연이었을 따름이다. 단지 이와 같은 명명은 시대를 관찰하는 후대사가들의 전지적 시각일 따름이다.

스는 이탈리아 연극의 엄격한 규칙들을 선호하였으며 그리스와 로마의 고전주의를 계승하여 신고전주의로 나아간다. 그러나 영국과 스페인의 경우는 이러한 규칙들을 무시하고 독자적인 르네상스 연극을 전개하였다.

이 시기에는 '오페라'라고 하는 새로운 공연 형식이 처음 등장하여 대중의 인기를 끌었으며 차츰 전 유럽에 퍼져나갔다. 연극 장르 가운데는 '코메디아 델라르테'가 대중들의 인기를 끌었고 '프로시니엄 아치', '원근법'으로 장식된 배경 등이 등장하여 극장 구조와 무대에도 변화가 시작되었다.

1) 이탈리아의 연극 형식

① 인테르메초와 전원극

인테르메초(intermezzo)는 신화에 나오는 이야기를 묘사한 짤막한 극으로 일종의 '막간극'이다. 궁정 연희에서 비롯되어 16세기에 인기를 누렸지만 17세기에 들어오면서 사라지게 된다.

전원극(pastoral)은 그리스 비극에 뒤이어 상연되던 짧은 희극인 사티로스극을 모방하여 만든 연극이다. 전원극이라는 이름에서 나타나듯 주제는 보통 남녀 간의 달콤한 사랑 이야기고 주인공은 목동이거나 숲이나 시골에 사는 신화 속 인물이다. 그러나 그리스의 사티로스극과는 달리 외설스럽거나 성적으로 문란한 내용을 다루지는 않았다. 애정극이다 보니 사랑하는 연인이 온갖 고난을 겪은 끝에 결국 행복하게 끝나는 결말이었다.

② 오페라

이탈리아 르네상스 시대의 연극 형식 중 현존하는 유일한 장르이다. 16세기 말 피렌체 아카데미에서 탄생했으며, 17세기 중엽 베네치아에 여러 개의 오페라 전용 극장이 지어졌다. 오페라 창안자들은 드라마에 음악을 가미하여 그리스 비극의 새로운 장르를 창조했다. 그러나 지금의 오페라는 연극 장르로 이해되기보다는 대체로 음악 분야의 연구대상으로 다루어진다.[3]

그 이유는 다음과 같다. 오페라 〈돈 조반니〉의 경우, 그 작사가는 로렌조 다 폰테라는 사람이다. 하지만 사람들은 이 작품을 음악가 모차르트의 작품으로 기억한다. 셰익스피어의 〈윈저의 아낙네들〉을 기초로 완성된 오페라 〈팔스타프(Falstaff)〉 역시 셰익스피어의 작품이라기보다는 베르디의 오페라로 더 많이 알려져 있다. 그만큼 오페라에서는 작곡가가 중요한 위치를 차지한다.

17세기 이후 오페라는 이탈리아는 물론 프랑스, 독일, 영국을 비롯한 유럽 전역으로 확산하였다. 대표적인 작곡가로 아마데우스 모차르트(Wolfgang Amadeus Mozart, 1756~91), 주세페 베르디(Giuseppe Verdi, 1813~1901), 리하르트 바그너(Richard Wagner, 1813~83) 등이 있다.

③ 코메디아 에루디타(commedia erudita)

궁정이나 귀족사회, 또는 지식인들 사이에서 인기가 있었던 고급 연

---

3 오페라와 뮤지컬의 직접적이고 극명한 차이점은 오페라의 경우 음악이 주가 되는 드라마라면, 뮤지컬은 드라마가 주가 되면서 음악이 가미되는 공연예술이라는 것이다.

극 또는 지식인 연극이다. 그러나 오늘날에는 이름만 전해지고 있다.

④ 코메디아 델라르테(commedia dell' arte)

코메디아 델라르테는 이탈리아에서 오페라만큼이나 인기가 높았던 연극 형식으로 이탈리아 말로 '전문 예술가의 연극'이라는 뜻이다. 주로 희극을 공연하였으며 특히 일반 대중에게 인기가 있었다. 1550~1750년까지 약 200년간 유럽에서 유행했다.

코메디아 델라르테는 한마디로 '대중 즉흥극'이라고 할 수 있는데, 문학 형식의 희곡을 공연하는 것이 아니라 즉흥연기를 중심으로 발달한 연극 형식이다. 그러므로 연극에서는 미리 주어지는 대사가 없고 짧게 쓰인 줄거리를 기본 골격으로 배우들이 즉석에서 연기를 창조해낸다. 이것은 대단히 훈련된 연기력을 요구하는 것이어서 아마추어가 아닌 전문 배우들의 영역이었다. 즉 코메디아 델라르테는 철저히 배우 중심의 연극이었다.

그렇다면 배우들은 어떻게 즉흥연기에 적응할 수 있었을까? 그것은 코메디아 델라르테의 연극적 관행이 관객들에게 허용되었기 때문이다. 그 연극적 관행이란 '고정 유형 배역'이다. 다시 말하면, 한 배우가 자신에게 부여된 고정 배역으로 평생을 연기한다. 코메디아 델라르테에는 꼭 그런 유형의 배역이 등장한다. 이들은 주인공을 제외하고 모두 가면을 착용하였고 매번 똑같은 의상을 계속해서 입었다. 따라서 가면과 의상으로 인물의 유형을 파악할 수 있었다. 대표적인 고정유형 배역으로는 다음과 같은 것이 있다.

■ 판탈로네(pantalone) : 탐욕스럽고 부유한 늙은 노랭이 영감으로 기회

만 있으면 젊은이로 변장해서 어여쁜 아가씨들을 유혹한다. 긴 매부리코와 수염 가면, 얇은 나무판자 두 장을 붙인 슬랩스틱(slapstick)이라는 목검을 차고 다녔다. 목검은 부딪힐 때마다 과장된 소리를 내어서 우스꽝스러운 분위기를 유도하였다.

- 도토레(dottore) : 의사나 법률가로 지식인을 대표한다. 그러나 실제로는 너무나 어리숙해 자기 꾀에 자기가 넘어가 사기를 당하거나 되려 골탕을 먹는 인물이다.

- 카피타노(capitano) : 왕자병이 있는 허풍쟁이 군인이다. 약자에게 강하고 강자에게 약한 비겁한 인물이다.

- 쟈니(zanni) : 어리숙한 것 같으면서도 계산이 빠르고 계략에도 능한 영리한 하인이다. 주로 주인공의 사랑에 징검다리 역할을 한다.

코메디아 델라르테에는 라치(lazzi)라고 하는 정해진 희극 장면 연출법이 있었다. 예를 들면 얼굴과 몸매가 너무 아름다운 한 여인의 소문을 전해 들은 판탈로네는 이 여인을 감언이설로 유혹한다. 이때 자신이 차고 있던 목검이 바짓가랑이 사이로 불쑥 솟아오르며 판탈로네의 흑심이 관객에게 들통나는 우스꽝스러운 장면이 펼쳐진다. 이는 코메디아 델라르테에 있어서 정해진 연출 공식이다.

2) 이탈리아 연극의 규칙들

이탈리아의 연극은 오페라를 제외하고 연극 역사에서 큰 발자취를 남기지는 못했다. 이들은 그리스나 로마의 고전주의 연극을 계승하는 데 보다 더 큰 노력을 기울였다. 그래서 이탈리아의 연극 양식을 '신(新)고전주의'라고 부른다. 신고전주의에서 비롯된 극비평 이론은 유럽 연극 이론에 지대한 영향을 끼친다. 그러나 막상 신고전주의자들이 만든 연극 규칙은 그리스, 로마의 고전주의 때보다도 훨씬 더 엄격했으며 규칙의 수도 많아서 지키기 까다로운 것들이었다.

신고전주의자들이 만든 연극 규칙을 살펴보자.

① 삼일치 법칙 – '시간', '공간', '행동 또는 사건'의 일치

- 시간의 일치 : 한 편의 연극에서 일어나는 연극적 행동이 24시간을 초과해서는 안 된다. 왜냐하면 24시간이 넘는 사건은 관객들에게 진실한 것으로 받아들여질 수 없다는 신념을 갖고 있었다.

- 공간의 일치 : 연극이 펼쳐지는 장소가 한 곳이어야 한다. '한 곳'이란 하나의 일반적인 장소로, 그곳에서 모든 장면이 연출되어야 한다. 왜냐하면 극장이라는 제한된 공간 안에 여러 장소가 나오면 사실성이 떨어진다고 보았다. 예를 들어 1막의 장소가 파리였다가 2막에서 런던이 나온다면 공간의 일치를 어기는 것이 된다. 최소한 하루 안에 이동할 수 있는 거리이어야 하며 예외적으로 장소의 이동이 허용되는 경우는 같은 도시 안에서만 가능하다.

- 행동(사건)의 일치 : 하나의 중심 이야기만 사용해야 한다는 규칙이다. 제한된 시간과 공간에서 여러 사건이 나올 수는 없다는 것이다. 예를 들어 〈리어 왕〉의 경우에 리어와 세 딸의 이야기가 주플롯이고 글로스터 백작과 두 아들 간의 갈등이 부플롯인데, 그와 같은 이야기 구성을 사용하면 안 된다는 것이다.

② 디코럼(decorum) – '적격성' 또는 '적합성'

등장인물의 행동 규범이 그 인물의 나이, 직업, 성별, 계층과 어울리는 행동을 해야 한다는 뜻이다. 예를 들어 성직자라면 성직자라고 하는 신분이 요구하는 사회적 규범과 통념에서 벗어나는 행동이나 말을 해서는 안 된다.

③ 베리시밀리튜드(verisimilitude) – '박진성'(진실하게 보임)

연극이 실제 인간의 삶에 충실해야 한다는 것이다. 박진성 안에는 사실성, 도덕성, 일반성 등을 따져서 실제 인생사에서 일어날 수 있는 일인지, 도덕적 결함은 없는지 등을 가려내는 것이다. 따라서 유령이나 귀신과 같은 초자연적 사건들은 연극에서 사용할 수 없다.

④ 그 밖의 규칙들

- 장르의 순수성 : 비극의 주인공은 왕족이나 귀족이어야 하고 파멸로 결말이 나야 하며 희극은 일반 평민이어야 하고 행복한 결말이어야 한다. 따라서 비극과 희극은 절대 혼합될 수 없다.
- 시적 정의 : 도덕적 교훈을 담고 있어야 한다. 배우들의 방백과 집단 코러스, 기계장치를 이용한 신화적인 재현 등도 비현실적이라는 이유로 금지하였다.

그러나 이와 같은 신고전주의 규칙들을 프랑스는 계승하였지만, 영국이나 스페인은 독자적인 르네상스 연극을 구가하였다. 셰익스피어만 하더라도 위의 규칙들과 무관하게 삽화적 구성의 극작술로 글을 썼다.

올림피코 극장 내부

3) 이탈리아 시대의 극장과 무대

이탈리아 시대에는 3개의 극장이 신축되었는데 오늘날에도 원형이 잘 유지된 채 남아 있다. 가장 오래된 극장은 테아트로 올림피코 극장으로 1584년 완공되어 1585년 소포클레스의 〈오이디푸스〉를 기념 공연으로 올렸다. 이 극장은 로마 극장의 축소판으로 스케나, 오케스트라, 스케나 앞으로는 커다란 단상 무대가 있다. 스케나에는 다섯 개의 문이 있고 원근감을 살린 건물들이 배경으로 디자인되어 있다. 3,000명 정도를 수용할 수 있었다.

두 번째는 1588년 완성된 사비오네타 극장이다. 이 극장은 올림피코 극장의 10분의 1 정도 되는 크기로 객석 규모가 250석 정도 되는 소극장이다. 원근법으로 그려진 하나의 원경 배경이 무대를 휘감고 있는 모습이다. 말굽형 객석이 인상적이다.

사비오네타 극장 내부

파르네세 극장 내부

세 번째는 1618년 완공된 테아트로 파르네세 극장이다. 경사진 말굽형 객석으로 3,500명을 수용할 수 있었다. 이 극장의 특징은 무대 바닥이 뒤쪽으로 갈수록 경사진 구조로 되어 있다는 것과 프로시니엄 아치(proscenium-arch) 무대를 가지고 있다는 것이다. 비록 2차 대전 때 극장의 90%가 파괴되어 재건축되었지만 프로시니엄 아치를 사용한 원조격 극장이라는 역사성이 있다.

프로시니엄 아치 무대는 보통 '사진틀 무대', '액자 무대'라고 일컫는데, 무대의 정면을 응시하는 관객들은 무대라는 그림의 틀이 되는 아치를 통해서 연극을 관람한다. 처음에는 아치라는 이름처럼 곡선이었으나 현대에 올수록 직사각형으로 바뀐다. 프로시니엄은 각종 무대장치와 기계장치를 관객들의 눈에 띄지 않게 숨겨두었다가 장면에 맞게 나타내 보임으로써 연극적 환상을 증진하는 기능을 한다. 이는 연극의 사실성을 배가시켜 사실주의 시대에 오면 좀 더 일반적인 무대 형태로 자리 잡는다.

이 밖에도 무대 배경에 원근법이 사용되어 사실성이 높아졌으며 이들 극장은 모두 실내 극장이어서 촛불과 등잔불을 조명으로 사용하였다. 연기와 그을음은 감수해야 했고 객석에도 촛불을 켜두었다.

4. 혼란의 시대, 이탈리아 르네상스의 쇠퇴

이탈리아의 르네상스 시대는 문화예술의 중흥기이면서 동시에 유럽에 번진 흑사병과 이탈리아 전쟁, 상업도시의 쇠락, 종교개혁 등으로 혼란한 시대였다.

1347년경 흑사병이 유럽에 창궐하기 시작하였다. 흑사병이 언제 어디서 발생했는지 확실하게 밝혀진 바는 없지만, 최근에 알려진 사실에 의하면 1346년경 크림반도 남부 연안에서 발생하여 지중해 항로를 따라 이탈리아 전역에 퍼졌을 걸로 추측하고 있다. 흑사병으로 이탈리아 상업도시들은 큰 타격을 받았으며 곧이어 유럽 전역으로 퍼져 당시 유럽 인구의 3분의 1 이상이 목숨을 잃었다. 흑사병의 원인을 몰랐던 탓에 유럽 사회에는 유언비어가 만연하였고 사이비 종교집단이 등장하여 혼란은 한층 더 가중되었다. 특히 유대인들이 샘이나 우물에 독을 탔다는 괴소문이 퍼지면서 유대인 학살이 공공연하게 자행되었다.

　또한 1494년부터 1559년까지 이탈리아 북부를 중심으로 이탈리아 대전쟁이 60년간 이어진다. 이 전쟁은 이탈리아 도시국가, 로마 교황령, 그리고 서유럽의 프랑스, 스페인, 신성로마제국, 잉글랜드, 오스만 제국 등이 각국의 이해관계에 따라 동맹과 배신을 거듭하며 국지적으로 벌인 전쟁이었다. 60년간 지루하게 이어진 전쟁으로 이탈리아 땅은 유린당하였고 상업도시들이 쇠락하는 또 하나의 원인이 되었다.

　하지만 상업도시의 쇠락에는 또 다른 경제적 이유가 있었는데, 그것은 항해술의 발달이다. 당시의 포르투갈과 스페인은 발달한 항해술로 새로운 항로를 개척하였고 해상무역을 주도하였다. 이후 영국과 프랑스 등이 대항해 시대에 가세하였다. 서구 열강들은 바닷길을 개척함으로써 세계의 패권을 잡기 위해 혈안이 되어 있었다. 한편 상인들은 대항해 시대와 함께 큰 바다로까지 나갈 수 있게 되었다. 그렇게 되자 지중해라고 하는 바다의 지리적 가치는 점점 하락하였고 이탈리아의 상업도시들은 경제적인 어려움에 봉착하게 된다. 상업도시의 쇠락으로 상인들의 후원이 끊긴 지식인과 예술인들은 새로운 경제적 풍요를 좇아 유럽 각지로 흩어진다.

경제적 어려움 외에도 종교적 이유가 있었는데, 그것은 1517년 독일 수도사였던 마르틴 루터(Martin Luther, 1483~1546)의 종교개혁 사건이다. 당시의 교황이었던 레오 10세는 교황청을 확장하면서 대규모의 공사 비용을 지출하였다. 그 바람에 교황청은 엄청난 부채와 재정난에 시달리게 된다. 더군다나 교황 자신의 사치 또한 극에 달해 있었다. 이에 레오 10세는 재정적 어려움을 타개하기 위해 면죄부 판매를 자금 모금책으로 활용한다. 루터는 교황청의 면죄부 판매를 종교의 타락이라고 비판하며 독일의 비텐베르크 교회 정문에 교황청을 비판하는 95개 항의 반박문을 게시했다. 1521년 로마 교황청은 루터를 이단으로 선고하고 파문하는 교서를 내린다. 신변의 위협을 느끼던 루터는 작센의 프리드리히(Friedrich) 3세의 보호 아래 비밀리에 바르트부르크성에 은신하며 신약성서를 라틴어에서 독일어로 번역하기 시작한다. 루터의 독일어 성서 번역은 신학적, 언어학적으로 중요한 사건이었다. 우선 어려운 라틴어 성서는 소수의 귀족과 성직자의 전유물이었으며 특권이었다. 그러나 독일어 성서가 출판됨으로써 성직자의 도움 없이도 대중이 성서를 이해할 수 있게 되었다. 또한 루터의 독일어 성서는 현대의 표준 독일어가 완성되는 기초가 되었다.

이후 루터의 종교개혁은 그를 지지하는 개혁운동가들에 의해 프로테스탄트(Protestant, 저항)라는 새로운 교파, 즉 개신교회를 탄생시키며 가톨릭교회에서 갈라져 나간다. 이에 교황청은 이들 종교개혁 세력을 탄압하였다. 이전까지 종교적 문제에서만큼은 자유로웠던 예술가들은 교황청의 간섭이 심해지면서 점차 이탈리아를 떠나 유럽 각지로 흩어지게 된다.

5. 16세기 영국의 르네상스 시대 연극

1) 시대적 배경

영국은 지리적 위치 때문에 오랫동안 문화적으로도 변방이었다고 할 수 있다. 하지만 영국의 르네상스는 이탈리아 못지않은 폭발적 반향을 일으켰다. 영국은 1485년 왕위에 오른 헨리 7세(재위 1485~1509)부터 청교도[4]들이 집권한 1642년까지 약 150여 년 동안 전성기를 구가한다. 그 중에서도 엘리자베스 1세(재위 1558~1603) 시대를 최고의 절정기로 보고 있는데, 엘리자베스 여왕이 통치하던 45년 동안에 주요 정치, 사회적 사건들이 집중되어 있기 때문이다.

헨리 7세가 왕위에 오르기 전까지 영국은 정치, 사회적으로 혼란기였다. 1455년부터 왕위를 놓고 벌인 랭커스터가(家)와 요크가의 치열한 내전(장미전쟁, 1455~1485)[5]은 랭커스터가의 승리로 끝난다. 이후 랭커스터가의 계승자였던 헨리 튜더가 헨리 7세로 왕위에 오르면서 영국에 튜더 왕조가 시작된다. 튜더 왕조는 헨리 7세를 비롯해 5명의 국왕을 배출하는데, 이 시기에 영국 문화는 전무후무한 전성기를 맞게 된다.

튜더 왕조의 시작인 헨리 7세는 요크가의 에드워드 4세의 딸과 결혼하며 두 가문의 화합과 함께 장미전쟁을 끝낸다. 이후 그의 아들인 헨리 8세가 왕위에 오르며 중앙집권체제를 강화하고 절대왕정의 시대를

---

4 가톨릭교회의 '교황 중심주의', '제도 중심주의'로부터 영국국교회의 '복음 중심주의'를 강조한 개신교도들이다.
5 랭커스터가가 붉은 장미, 요크가가 흰 장미를 각각 가문의 문장으로 삼은 것에서 유래한다.

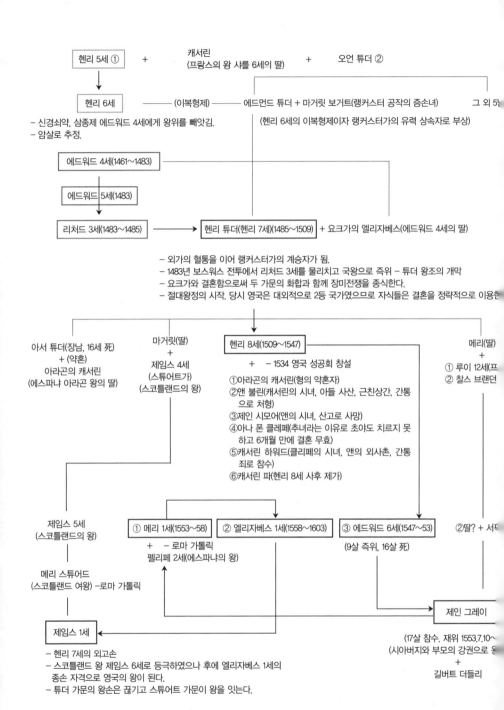

헨리 5세 ① ＋ 캐서린 (프랑스의 왕 샤를 6세의 딸) ＋ 오언 튜더 ②

헨리 6세 ──── (이복형제) ──── 에드먼드 튜더 ＋ 마거릿 보거트(랭커스터 공작의 증손녀)　　　그 외 5년

－ 신경쇠약, 삼종제 에드워드 4세에게 왕위를 빼앗김.　　　(헨리 6세의 이복형제이자 랭커스터가의 유력 상속자로 부상)
－ 암살로 추정.

에드워드 4세(1461∼1483)

에드워드 5세(1483)

리처드 3세(1483∼1485) ──→ 헨리 튜더(헨리 7세)(1485∼1509) ＋ 요크가의 엘리자베스(에드워드 4세의 딸)

－ 외가의 혈통을 이어 랭커스터가의 계승자가 됨.
－ 1483년 보스워스 전투에서 리처드 3세를 물리치고 국왕으로 즉위 － 튜더 왕조의 개막
－ 요크가와 결혼함으로써 두 가문의 화합과 함께 장미전쟁을 종식한다.
－ 절대왕정의 시작. 당시 영국은 대외적으로 2등 국가였으므로 자식들은 결혼을 정략적으로 이용한

아서 튜더(장남, 16세 死)　　마거릿(딸)　　　헨리 8세(1509∼1547)　　　　　　　　　　　　메리(딸)
＋ (약혼)　　　　　　　＋　　　　　　　　　　　　　　　　　　　　　　　　　　　　　　＋
아라곤의 캐서린　　　제임스 4세　　　＋ － 1534 영국 성공회 창설　　　　　　　① 루이 12세(프
(에스파냐 아라곤 왕의 딸)　(스튜어트가)　①아라곤의 캐서린(형의 약혼자)　　　　　　② 찰스 브랜던
　　　　　　　　　(스코틀랜드의 왕)　②앤 불린(캐서린의 시녀, 아들 사산, 근친상간, 간통
　　　　　　　　　　　　　　　　으로 처형)
　　　　　　　　　　　　　　③제인 시모어(앤의 시녀, 산고로 사망)
　　　　　　　　　　　　　　④아나 폰 클레페(추녀라는 이유로 초야도 치르지 못
　　　　　　　　　　　　　　하고 6개월 만에 결혼 무효)
　　　　　　　　　　　　　　⑤캐서린 하워드(클리페의 시녀, 앤의 외사촌, 간통
　　　　　　　　　　　　　　죄로 참수)
　　　　　　　　　　　　　　⑥캐서린 파(헨리 8세 사후 제가)

제임스 5세
(스코틀랜드의 왕)　① 메리 1세(1553∼58)　② 엘리자베스 1세(1558∼1603)　③ 에드워드 6세(1547∼53)　　②딸? ＋ 서
　　　　　　　＋ － 로마 가톨릭　　　　　　　　　　　　　　(9살 즉위, 16살 死)
메리 스튜어트　　펠리페 2세(에스파냐의 왕)
(스코틀랜드 여왕) －로마 가톨릭

　　　　　　　　　　　　　　　　　　　　　　　　　　　　　제인 그레이

제임스 1세 ←　　　　　　　　　　　　　　　　　　　　　　(17살 참수. 재위 1553.7.10∼
　　　　　　　　　　　　　　　　　　　　　　　　　　(시아버지와 부모의 강권으로 왕
－ 헨리 7세의 외고손　　　　　　　　　　　　　　　　　　　　　　＋
－ 스코틀랜드 왕 제임스 6세로 등극하였으나 후에 엘리자베스 1세의　　　　길버트 더들리
　종손 자격으로 영국의 왕이 된다.
－ 튜더 가문의 왕손은 끊기고 스튜어트 가문이 왕을 잇는다.

튜더 왕가의 왕위 계승

연다. 훗날 헨리 8세에 대한 평가는 엇갈리는 부분이 많은데, 그는 재임 중에 왕실의 의견에 반대하는 귀족이나 관리들 그리고 종교개혁의 와중에 영국 성공회 창설을 반대했던 가톨릭 세력들을 무수히 처형했다. 더구나 여섯 명의 부인 중 두 명을 참수하는 등 공포정치를 일삼았다. 반면에 시대의 흐름에 맞춰 귀족들보다는 학식으로 무장한 신흥계층의 지식인을 등용하였으며, 시와 음악, 춤 등의 예술적 자질이 뛰어나서 영국 사회의 문화 발전에 이바지했다는 평가를 듣기도 한다.

헨리 8세는 재임 중에 여섯 명의 왕비를 두었다. 그런 만큼 여성 편력의 상징으로 자주 회자되는 왕이기도 하다. 그의 첫 번째 결혼은 정략결혼이었다. 자신의 형 아서 튜더가 열다섯 살에 사망하자 헨리 7세에 의해 형의 약혼자였던 캐서린과 결혼한다. 그러나 캐서린은 오랫동안 아들을 낳지 못했다. 캐서린과 헨리 7세 사이에는 공주 메리 튜더(훗날 메리 1세, 에드워드 6세 다음 영국 여왕이 됨)가 있을 뿐이었다. 그러자 헨리는 20년 만에 캐서린과 별거를 선언하고 캐서린의 젊은 시녀였던 앤 불린을 마음에 둔다. 이 과정에서 앤은 헨리 8세의 정부(情婦)가 아니라 정식 왕비가 되고자 하였고 헨리 8세는 캐서린과의 정식 이혼을 로마 교황청에 요청한다. 그러나 로마 교황청은 이를 승인하지 않는다. 이에 헨리 8세는 로마 교황청의 명령을 어기고 1533년 런던에서 앤과 결혼한다. 이후 헨리 8세는 1534년 수장령(首長令)을 선포하여 로마 교황청과의 관계를 단절하고 영국 성공회 교회를 창설한다. 이름하여 영국 종교개혁의 시작이었다. 마침 영국에는 루터의 종교개혁이 상당한 지지를 얻고 있는 상태여서 헨리 8세의 종교개혁은 힘을 얻을 수 있었다.

헨리 8세는 수장령을 발표하여 스스로가 영국 성공회의 수장이 되었으며, 이로써 왕이 영국 교회의 모든 관리와 권한을 행사하게 된다. 주교의 임명권은 왕에게 귀속되었고 더는 로마 교황청에 복종할 의무도 없어졌다. 헨리 8세는 가톨릭교회와 수도원을 해산시키고 땅과 재산을 몰수하였으며, 반발하는 가톨릭 신자들을 처형하였다. 이 과정에서 한때는 자신의 지지자였던 토머스 모어(Thomas More)[6]를 반역죄로 처형하기까지 한다.

그러나 헨리 8세의 종교개혁은 당시 루터가 주장하던 복음주의 종교 개혁과는 성격이 달랐다. 헨리 8세는 온건한 가톨릭주의자로 교황청의 영국 교회에 대한 간섭을 회피할 목적으로 수장령을 선포한 것이다. 오히려 수장령을 기회로 종교개혁 세력이 득세하자 프로테스탄트에 대한 박해에 나서며 신교도들을 참수하기까지 하였다. 따라서 영국의 종교 개혁은 복잡한 정치 상황에서 헨리 8세가 자신의 왕권을 강화할 수단으로 이용한 것이지 실질적인 교회 개혁은 아니었다.

이렇듯 로마 교황청과의 관계까지 단절하며 감행한 헨리 8세의 두 번째 결혼은 1536년 앤 불린이 런던탑에서 참수당하며 끝을 맺는다. 헨리와 앤 사이에는 공주 엘리자베스가 있었는데, 이 사람이 훗날 첫 번째 왕비 캐서린의 딸로 영국 여왕이 된 메리 1세의 뒤를 이어 등극하는 엘리자베스 1세이다.

헨리 8세는 앤을 처형한 지 얼마 지나지 않아서 앤의 시녀였던 제인 시무어와 세 번째로 결혼한다. 제인 시무어는 헨리 8세의 뒤를 이어 왕이 되는 에드워드 6세를 낳았다. 하지만 출산 후유증으로 10일 만에 죽었다. 이후로도 헨리는 3명의 왕비를 두었지만, 행복한 결혼 생활은 아니었다. 더군다나 말년에는 병까지 생겨 55세에 생을 마감한다.

---

6 1516년 라틴어로 쓴 『유토피아』의 저자.

헨리 8세의 재위 기간에 벌어진 그의 극적인 사생활은 셰익스피어로부터 현대에 이르기까지 여러 창작 매체의 단골 소재가 되었다. 특히 셰익스피어는 이 시대를 배경으로 여러 편의 희곡을 창작하였다. 대표적으로 〈헨리 4세〉, 〈헨리 5세〉, 〈헨리 6세〉, 〈헨리 8세〉, 〈리처드 3세〉 등의 희곡이 있다. 그리고 현대에 와서는 헨리 8세와 그의 두 번째 부인이었던 앤 불린과의 스캔들을 다룬 영화 〈천일의 앤〉(1969), 〈천일의 스캔들〉(2008)이 있으며, 앤과 헨리 8세의 딸인 엘리자베스 1세가 왕이 되는 과정을 다룬 〈엘리자베스〉(1998) 그리고 엘리자베스 여왕으로부터 참수를 당하며 운명적인 죽음을 맞이하지만 자기 아들은 훗날 영국의 왕이 되는 스코틀랜드의 여왕 메리 스튜어트를 다룬 〈메리, 퀸 오브 스코틀랜드〉(2018)가 있다.

헨리 8세의 뒤를 이어 아홉 살의 어린 나이로 에드워드 6세(재위 1547~1553)가 즉위하지만, 재위 7년 만인 열여섯 살에 병사한다. 후사가 없었던 에드워드 6세의 왕위계승권은 왕자가 없는 가운데, 첫 번째 왕비 캐서린의 딸인 메리 1세(재위 1553~1558)가 왕위를 계승한다. 하지만 메리 1세 또한 재위 5년 만에 병사한다. 이제 영국 왕실의 남은 왕위 계승자는 두 번째 왕비였던 앤 불린의 딸인 엘리자베스 튜더뿐이었다.

엘리자베스 튜더(엘리자베스 1세, 재위 1558~1603)는 1558년 스물다섯 살의 나이로 영국 여왕에 오르며 이후 45년간 영국을 통치한다. 당시의 유럽은 열강들의 각축장이었다. 그런 가운데서도 엘리자베스 1세는 강력한 왕권을 발휘하여 당시 유럽의 변방이었던 영국을 유럽의 중심국가로 만든다. 엘리자베스는 스코틀랜드 여왕이었던 메리 스튜어트가 가톨릭 세력의 재기를 노리며 영국 왕위계승권을 주장하자 그녀를 처형한다. 그리고 영국 성공회를 중심으로 개신교회와 로마 가톨릭교회

사이의 중도 노선을 선택하면서 영국의 종교 갈등을 잠재운다. 대외적
으로는 무적함대라고 일컫던 스페인 함대를 영국해협에서 격파하면서
영국의 힘을 대외에 알린다. 이 사건으로 영국민의 결속력은 더욱 강해
졌으며 엘리자베스의 통치력은 영국민의 신망을 얻었다.

그중에서도 엘리자베스 1세의 가장 큰 치적이라면 무엇보다도 영국
문화의 황금기를 연 통치자라는 것이다. 특히 연극의 발전은 눈부셨는
데, 영국 곳곳에 오늘날과 유사한 극장들이 세워졌으며 셰익스피어를
비롯한 세계적인 극작가의 작품들이 연중 공연되었다. 이 기간을 역사
에서는 '영국 르네상스 연극(English Renaissance Theatre)'의 시대라고 부른다.
비록 통치 말년에 대한 부정적인 평가가 있기는 하지만 훗날 빅토리아
여왕(재위, 1837~1901) 시대의 대영제국에 초석을 놓은 왕임에는 틀림이
없다.

엘리자베스 1세는 1603년 일흔 살의 나이로 후계자를 남기지 못하고
생을 마감한다. 그리고 그의 뒤를 이어 스코틀랜드의 왕이었던 제임스
1세(엘리자베스가 처형한 메리 스튜어트의 아들)가 등극하며 영국의 튜더 왕조
는 막을 내린다.

2) 엘리자베스 1세 시대의 작가들

엘리자베스 시대의 정치, 경제적 안정과 문학, 고전 연구 등의 르네
상스적 요소들은 연극 환경에 더할 나위 없는 조건들을 만들었다. 대
표적으로 경험주의 철학자 프랜시스 베이컨(Francis Bacon, 1561~1626)은
기술의 진보에 어울리는 새로운 인식 방법으로 귀납적 추론을 고안해
내면서 영국 경험론 철학의 모태가 되었고, 문학에서는 크리스토퍼 말

　세계사 속의 서양 연극사

로(Christopher Marlowe, 1564~1593), 윌리엄 셰익스피어(William Shakespeare, 1564~1616), 벤 존슨(Ben Jonson, 1572~1637) 등의 희곡이 연극예술을 꽃피우는 밑거름이 되었다.

그중 단연 영국을 대표하는 극작가라면 셰익스피어일 것이다. 셰익스피어가 작품 활동을 시작한 시기는 정확히 알 수 없으나, 대략 1590년경부터 1613년까지 24년간 활동한 것으로 추정된다. 셰익스피어는 은퇴 이후 자신의 고향인 스트랫퍼드-어폰-에이번(Stratford-upon-Avon)으로 돌아와 3년간 살다가 1616년 생을 마감한다. 셰익스피어의 활동 초반은 런던의 체임벌린 극단에서 배우로 활동하였고 이후 1603년 왕실 극단의 단원이 되고부터는 극작에만 전념하였다. 하지만 극작 외에도 제작과 극장 운영에도 관여한 것으로 추정된다. 셰익스피어는 총 38편(혹은 36~37편)의 희곡과 몇 편의 시집을 발표하였는데, 대부분 희곡은 그가 살아 있을 때 무대에서 공연되었으며 선풍적인 인기를 끌었다.

하지만 정확한 창작 연대를 알기는 어렵다. 다만 출판보다는 공연을 목적으로 쓰이는 희곡의 특성을 생각할 때, 초연된 시기를 통해 연대를 추정할 수 있을 뿐이다. 그리고 셰익스피어의 희곡 가운데 어느 것이 정본인가에 대한 이견 또한 분분하다. 그것은 오늘날과 같은 출판 개념이 없던 시대에 다양한 판본들이 존재하면서 빚어진 혼란이다. 이와 같은 혼란은 희곡의 공연 당시에 개별적으로 출판된 사절판(四折判, 인쇄 전지를 두 번 접은 24×30)과 1623년 셰익스피어 사후에 정식으로 출판된 이절판(二折判, 인쇄 전지를 한번 접은) 사이에 일부분이 빠져 있거나 혹은 추가된 장면, 그리고 문장과 단어의 차이에서 비롯된 것으로 보인다.

그러나 이와 같은 논란에도 불구하고 그의 희곡들이 가진 삽화식 극 구성과 풍부하고 아름다운 언어적 묘사, 인간의 내면을 꿰뚫는 통찰력

〈오셀로〉(1884) 포스터

〈햄릿〉(1884) 포스터

에서 비롯된 창의적인 인물 창조는 현재까지도 셰익스피어를 가장 뛰어난 극작가로 손꼽는다. 그의 희곡들은 로마와 영국의 역사를 배경으로 하는 〈줄리어스 시저〉, 〈안토니오와 클레오파트라〉, 〈코리올레이너스〉, 〈헨리 4세〉, 〈헨리 5세〉, 〈헨리 6세〉, 〈헨리 8세〉, 〈리처드 2세〉, 〈리처드 3세〉 등의 역사극과 〈햄릿〉, 〈오셀로〉, 〈리어 왕〉, 〈맥베스〉, 〈로미오와 줄리엣〉 등의 비극, 〈실수 연발〉, 〈사랑의 헛수고〉, 〈한여름 밤의 꿈〉, 〈베니스의 상인〉, 〈윈저의 즐거운 아낙네들〉, 〈헛소동〉, 〈페리클레스〉, 〈말괄량이 길들이기〉, 〈템페스트〉, 〈십이야〉 등의 낭만적 희극에 이르기까지 장르를 가리지 않고 재능을 보였다.

셰익스피어 극작술의 특징은 "이탈리아식 신고전주의의 규격화된 법칙을 따르지 않았다. 그가 즐겨 사용하던 삽화식 극 구성은 이탈리아식 신고전주의 삼일치 법칙보다는 중세 연극에서 따온 것이다. 극의 전개는 한 장소에서 다른 장소로 자주 이동하고, 짧은 장면과 긴 장면이 섞여 있으며, 햄릿에서 등장하는 무덤지기 장면과 맥베스에 등장하는 만취한 문지기 장면처럼 희극적 위안(Comic Relief, 막간 희극)을 사용하였다."[7]

그 밖에도 메인플롯과 서브플롯을 적절히 섞어 극의 긴장감이 떨어지지 않게 하였고, 주인공에 버금가는 조연급 등장인물을 설계하여 극의 무게중심이 한쪽으로 쏠리는 것을 방지하였다. 특히 그가 희곡에서 써 내려간 은유적이면서 아름다운 문장 표현들은 아일랜드의 극작가 조지 버나드 쇼(George Bernard Shaw, 1856~1950)가 '단어로 된 음악'이라고 할 정도로 오늘날의 영문학 발전에 적지 않은 공헌을 하였다. 셰익스피어의 희곡들이 400년이나 지난 고전임에도 불구하고 아직도 활발히 공연되고 재해석되며 탐구되고 있다는 사실은 그의 희곡들이 박제된 고전이 아니라 살아있는 고전임을 증명하고 있다.

3) 셰익스피어 희곡에 대한 진위 논쟁

한 세기가 넘는 동안 셰익스피어의 희곡들이 실제는 셰익스피어의 작품이 아닐 것이라는 의혹이 제기되어왔다. 의혹의 핵심은 크게 두 가지다. 하나는 셰익스피어가 실존하지 않는 가공 인물이라는 것과 두 번째는 실존 인물이었다 하더라도 셰익스피어라는 누군가의 이름을 도용했을 뿐 실제 저자는 따로 있다는 것이다. 의혹의 발단은 의외로 간단하다. "셰익스피어의 작품에 사용된 단어의 개수를 세어보면 약 2만 개가

---

7 에드윈 윌슨 · 앨빈 골드퍼브, 앞의 책, 223쪽.

넘는데, 1611년에 출간된 킹 제임스 성경이 약 1만 개의 단어를 사용했다는 사실과 비교해보면 참으로 거대한 어휘력이라 할 수 있겠다."[8] 대학교육도 받지 못했으며 평민의 아들이었던 셰익스피어가 왕실과 귀족들의 생활상을 어떻게 묘사할 수 있었겠는가 하는 의심이다. 더군다나 작품의 배경이 되는 세계 여러 나라에 대한 실감 나는 묘사는 지식의 정도를 넘어 그곳을 직접 여행하지 않고는 쓸 수 없는 얘기라는 것이다.

그렇다면 누가 썼을까? 셰익스피어가 실제 저자가 아니라고 주장하는 사람들에 의하면, 실제 저자가 셰익스피어와 같은 시대를 살았던 철학자이자 정치가 프랜시스 베이컨, 극작가 크리스토퍼 말로, 옥스퍼드 가문의 백작 에드워드 드 비어 경, 또는 엘리자베스 1세 그리고 말로와의 공동 집필까지 다양한 추측들이 이야기되고 있다. 하지만 그와 동시에 셰익스피어는 실존 인물이며 그가 작품 대부분을 직접 집필했다고 주장하는 사람들도 당연히 있다.

누구의 주장이 정확한가? 그러나 누구도 이에 대한 명쾌한 답을 제시하기는 어려울 것이다. 왜냐하면 이미 셰익스피어의 작품으로 증명된 몇 가지의 명백한 사실들을 반박할 만한 좀 더 확실한 주장이 제시되지 않는 한, 그리고 반대로 셰익스피어가 직접 썼다는 사실을 명쾌하게 입증할 증거가 나오지 않는 한 셰익스피어의 희곡에 대한 음모론은 사그라지지 않을 것이다.

다만 셰익스피어의 문학이 인류의 유산으로서 우리에게 주는 위안이라면, 그가 누구든 "불가능해 보이는 환경 속에서도 천재는 언제나 진가

---

8 김성수, 「그 많은 작품, 셰익스피어가 다 쓴 거 맞아?」, 『오마이뉴스』 2005.5.24.

를 발휘해온 역사를 고려해볼 때, 그가 유일한 사람은 아니라는 사실이다. 언제나 자신이 읽은 것, 본 것, 들은 것 등을 완전히 소화해서 탁월한 예술작품으로 승화시킨 사람이 역사 속에 소수의 천재적 예술가로 존재해왔다. 이런 일은 모차르트 같은 천재적 음악가의 경우를 보아도 알 수 있다. 셰익스피어도 그중의 하나일 것이다."[9] 훗날 그것이 누구의 작품이라고 판명이 나더라도 그것은 인류의 천재성을 확인하는 또 하나의 사실이 될 것이며, 그와 같은 일로 문학적 가치가 퇴색되는 일은 없을 것이다.

셰익스피어 희곡의 진위에 대한 음모론을 소재로 2011년에 개봉한 영화 〈위대한 비밀(Anonymous)〉이 있다. 엘리자베스 1세 시대를 배경으로 한 정치적 사건들과 셰익스피어 작품의 실제 저자가 에드워드 드 비어라는 가설에 따라 이야기가 진행된다. 그보다 앞서 1998년에 개봉된 영화 〈셰익스피어 인 러브〉에서는 〈로미오와 줄리엣〉이라는 작품이 만들어지기까지 셰익스피어가 글을 쓰던 중 부딪히는 장벽을 사랑에서 얻은 영감으로 채워간다는 내용을 담고 있다. 그러나 이 영화의 깊은 배경에는 '인간의 상상력만으로 어떻게 이런 얘기를 창조할 수 있었을까'라고 하는 경외심과 의심이 복합적으로 담겨 있다. 두 영화 모두 당시의 생활상과 의상 그리고 연극 등이 당대의 이론적 고증을 거쳐 잘 구현된 영화이다.

---

9 에드윈 윌슨 · 앨빈 골드퍼브, 앞의 책, 226쪽.

4) 엘리자베스 1세 시대의 연극

엘리자베스 시대는 영국 연극의 르네상스 시대라고 불린다. 그러나 영국의 연극은 이탈리아 르네상스보다는 로마 연극의 영향을 더 많이 받았다고 할 수 있다. 예를 들면, 복수심에 불타는 등장인물, 잔혹 장면, 유령 등의 초자연적 현상이 무대 위에서 공연되었다. 이와 같은 모습은 영국 작가들이 로마 시대의 플라우투스와 테렌티우스, 세네카의 극작술을 모방한 결과이다.

그 외에도 전체적으로 영국 연극은 이탈리아 신고전주의와 거의 모든 점에서 정면으로 어긋난다. 즉, 이탈리아는 고대 그리스의 운명극 구조를 모방하려고 노력했지만, 영국은 중세 연극의 삽화적 구조를 사용하였다. 당시의 영국 작가들 가운데 이탈리아 신고전주의의 주요 원칙이었던 '삼일치 법칙'에 주목한 극작가는 거의 없다고 해야 할 것이다(벤 존슨과 같은 희극 작가처럼 예외가 있기는 하다). 오히려 주플롯과 부플롯을 병행하는 극작술을 더 선호했으며 잔혹 장면, 초자연적 장면, 독백 등을 자유롭게 구사하며 신고전주의 법칙들을 무력화하였다. 또한 비극 속에 희극을 적절하게 섞었으며 시간과 공간을 넘나드는 삽화적 구조로 장면전환을 더 쉽게 하였다.

엘리자베스 시대의 연기 스타일에 대해서는 아직 논의가 더 필요한 부분이다. 당시에는 여자가 무대에 설 수 없었던 시대였다. 영화 〈셰익스피어 인 러브〉에서 보듯이 줄리엣 역을 미소년에게 연기하게 한 것으로 봐서는 그다지 사실적인 연기였다고는 하기 어렵다. 그리고 각 극장은 매일 작품을 바꿔가면서 공연했다. 이틀 이상을 공연한 전례가 없었다. 그러므로 배우들이 정교하게 공들여 연기했다기보다는 일상적 행위 내에서, 대사 전달 위주의 연극이었을 것으로 추측된다. 또한 매일 매일 바뀌는 레퍼토리 때문에 배우들이 대사를 외우는 것에도 큰 부담을 느꼈을 것으로 추측된다.

보통의 공연 시간은 2시간~3시간에 이르며 휴식 시간이 없는 것이 관례였다. 그래서 배우들에게 '사이드(sides)'가 제공되었는데, 사이드란 관객의 눈에 띄지 않는 곳에 사람이 숨어서 배우들에게 대사의 핵심 어구들을 튕겨주고 무대 지시문을 읽어주는 역할을 말한다. 그리고 무대 뒤편에 플롯이나 연기 메모 등을 붙여두고 중간중간 퇴장할 때마다 들여다보고 기억을 상기하도록 하였다. 그렇다면 아마도 양식화된 연기였을 것으로 짐작되며 희극에서는 즉흥연기도 용인되었을 것으로 추측된다.

5) 엘리자베스 1세 시대의 극장

1560년부터 1642년 사이에 템스강 주변으로 여러 개의 극장이 들어섰는데, 대표적으로 붉은 사자 극장(Red Lion, 1567), 더 시어터 극장(the theatre, 1576), 커튼 극장(the Curtain, 1577), 포춘 극장(Fortune, 1600), 레드 불 극장(the Red Bull, 1605), 스완 극장(the Swan, 1595), 로즈 극장(the Rose, 1587), 글로브 극장(the Globe, 1599), 호프 극장(the Hope, 1614) 등이 유명하였다. 이 가운데 가장 유명했던 공설극장은 글로브 극장이었는데, 이곳에서 셰익스피어의 주요 작품들이 초연되었다.

이 극장들은 외형적으로 일정한 모양을 갖춘 통일된 설계에 따르지 않고 저마다의 특색대로 지어졌다. 외관은 둥그런 원통형 모양을 기본으로 하였지만 다면체 구조가 많았는데, 글로브 극장은 18~20각형, 로

글로브 극장 내부. 글로브 극장은 1613년 〈헨리 8세〉 공연 도중 발생한 화재로
소실되었다가 이듬해 6월에 다시 지었다. 1642년에 청교도 혁명으로 폐쇄되고 1644년에
완전히 철거되었다. 지금의 건물은 1997년에 복원된 것이다. 857석의 객석이 있다.

글로브 극장 복원 모형

즈 극장은 13~14각형, 포춘 극장만 유일하게 사각형이었다. 하지만 이 외에도 원형이나 8각형의 극장도 있었다고 한다.

무대의 높이는 공통으로 4피트 정도였고 다만 무대 길이는 극장 규모에 따라 차이가 있었다. 영국 극장들은 공통으로 프로시니엄 아치와 원근법으로 채색된 무대 배경을 사용하지 않았다. 그리고 무대가 '야드'(입석 관람공간) 쪽으로 튀어나온 돌출무대 형태였다. 하지만 어디까지 무대가 돌출되었는지는 극장마다 차이를 보인다.

제7장

17세기 프랑스 신고전주의 시대

1. 시대적 배경

영국이 엘리자베스 1세의 안정적 통치로 번영을 누리는 동안에 16세기 프랑스는 종교적 갈등으로 인한 내전(위그노 전쟁, 1562~1598)[1]이 30년 넘게 지속되면서 주변 국가들보다 르네상스의 유입이 늦어졌다. 그러나 '낭트 칙령'(1598)을 반포하며 위그노 전쟁을 종식한 앙리 4세(재위 1589~1610) 이후, 루이 13세(재위 1610~1643)와 루이 14세(재위 1643~1715) 시대에 절대왕정이 확립되면서 17세기 프랑스는 문화적 번영기를 맞이한다. 그중에서도 특히 '태양왕'으로 불리는 루이 14세의 통치 기간 70년이 최고의 번성기로 꼽힌다.

17세기 프랑스 번영의 황금기를 말할 때, 그 토대를 제공한 왕은 당연

---

1 가톨릭(구교) 세력과 프로테스탄트(신교) 세력의 대립이 격돌하면서 종교적 내란이 발생하였다. 앙리 4세가 1598년 낭트 칙령을 발표하여 프로테스탄트에게 신앙의 자유를 인정함으로써 종료되었다.

히 앙리 4세이다. 그는 절대왕정을 기반으로 국가적 도약을 꿈꾸었다. 그러나 광신적인 가톨릭교도에 의해 파리 시내에서 암살된다. 앙리 4세의 갑작스러운 죽음으로 그의 아들인 루이 13세(재위 1610~1643)가 아홉 살의 나이로 즉위한다.

그러나 프랑스의 권력은 루이 13세가 아니라 그의 모후인 이탈리아 상인 귀족인 메디치 가문의 마리 드 메디치(Marie de Médicis)의 섭정으로 이어진다. 마리 드 메디치의 섭정은 7년 동안 이어졌으며, 1617년 루이 13세가 열여섯 살이 되어서야 비로소 친정을 실시하게 된다. 하지만 성년이 지나서도 계속되는 모후 마리의 섭정에 분개한 루이 13세는 마리를 파리 외곽의 블루아성(城)에 유폐하였다. 그 뒤로 마리는 두 번의 반란을 일으켰지만 모두 실패하였다. 루이 13세는 1624년, 당시의 추기경이었던 리슐리외(Richelieu)를 재상으로 등용한다. 사실 루이 13세 때 대부분의 치세는 리슐리외의 공이라고 해도 무방하다. 루이 13세는 리슐리외의 재능과 충성심을 높이 샀고 나중에는 그에게 모든 국사를 일임할 정도로 신뢰하였다.

리슐리외의 생각에 위대한 프랑스를 위해서는 무엇보다도 왕권 강화가 절실하였다. 그는 종교분쟁의 원인으로 지목된 신교도 위그노들과 오랫동안 기득권을 누려온 귀족 세력, 지방고등법원의 법관 세력들을 철저하게 억누르며 중앙집권체제를 확립하려 하였다. 그러나 그의 노력은 결실을 보지 못한 채, 1642년 삶을 마감한다. 그리고 다음 해에 루이 13세마저 마흔두 살의 나이에 심장마비로 숨을 거둔다. 훗날 리슐리외의 과도한 왕권 강화 정책은 귀족들의 반발로 이어져 새로운 혼란의 씨앗이 되기도 하였다.

루이 13세의 갑작스러운 죽음은 다시금 프랑스에 통치적 공백을 낳았다. 그의 아들인 루이 14세(재위 1643~1715)가 새롭게 왕위를 물려받았지만, 그의 나이는 루이 13세가 왕이 된 아홉 살보다도 어린 다섯 살이었다. 프랑스에는 다시 섭정이 시작되고 실제 권력은 그의 모후인 안 도트리슈(Anne d'Autriche)와 추기경인 줄 마자랭(Jules Raymond Mazarin)의 손아귀에 들어간다.

그런데 안 도트리슈의 섭정 기간에 전임 리슐리외의 귀족 세력 탄압에 따른 반발이 표면화되면서 프롱드(Fronde)의 난이 일어난다. 1차 내란은 고등법원 세력의 반란(1648)이었으며, 2차 내란은 귀족 세력의 반란(1649~1653)이었다. 이 내란으로 루이 14세는 파리를 비우고 지방으로 피신한다. 루이 14세의 피신으로 프롱드의 난은 반란군의 승리로 끝나는 듯했다. 하지만 반란군에 스페인 군대가 개입하면서 반란에 가담했던 민중들에게는 자국의 내란에 외세가 개입하였다는 반발이 확산한다. 결국 민중들의 반발에 스페인 군대가 물러가고 루이 14세는 왕궁으로 복귀한다. 1651년 귀족 세력의 반란 당시 반란을 수습할 힘이 없었던 섭정 안 도트리슈는 자신이 신임하던 이탈리아 귀족 출신의 추기경인 줄 마자랭에게 섭정의 지위를 이양한다. 이 과정에서 안 도트리슈와 마자랭의 염문설이 있기도 하였지만, 그것과 별개로 마자랭의 정치적 수완은 뛰어났으며 전임자였던 리슐리외의 왕권 강화 정책을 이으면서 프랑스에 절대 군주제를 성립시킨다.

프롱드의 난이 진압되면서 기득권 세력은 왕권 앞에 굴복하였으며, 그사이에 루이 14세는 마자린의 정치 역량을 배워간다. 1661년 재상 마자랭이 죽자 스물두 살의 루이 14세는 더는 재상정치를 하지 않았고 죽을 때까지 친정을 실시했다. 루이 14세가 친정을 하는 50여 년 동안 프랑스는 엘리자베스 시대와 견줄 만한 정치, 경제, 문학, 예술의 위대한 시기를 열어간다. 루이 14세의 절대권력은 영국에 버금가는 식민지 정책과 중상주의 정책을 통해 막대한 부를 축적하였다. 그러나 통치 말년으로 갈수록 사치스러운 궁정 생활과 불필요한 전쟁으로 인한 재정 악화로 프랑스의 위대한 시기를 이어가지 못하였다. 특히 호화롭기 그지없는 베르사유 궁전 신축은 20년이나 계속되었다. 그동안 민중들의 노동력은 착취당했고 전쟁에 필요한 세금은 수탈에 가까웠다. 그 반면 왕과 귀족들의 궁정 생활은 화려하기 그지없었다. 더욱이 1685년 프로테스탄트에 대한 차별 금지를 선언한 낭트 칙령을 폐지함으로써 다시 종교적 갈등을 부채질하였고 개신교도들은 프랑스를 떠나 주변국으로 이주하였다.

그러나 이러한 강압적인 통치 가운데도 문학과 예술만큼은 적극적으로 후원하였다. 우선 그 자신의 예술적 재능이 뛰어났으며 특히 춤을 즐겼다. 일곱 살 때 무용을 시작하였으며 열다섯 살의 나이에는 궁정 발레 공연에 출연하였다. 그리고 17세기 프랑스를 대표하는 작가 피에르 코르네유(Pierre Corneille, 1606~1684), 장 라신(Jean Racine, 1639~1699), 몰리에르(Molière, 1622~1673) 등을 후원하였고, 1680년에는 루이 14세의 명령으로 '코메디 프랑세즈'라는 세계 최초의 국립극장이 생겨났다.

1715년, 루이 14세는 일흔일곱 살의 나이로 세상을 떠나며 그의 72년 절대권력도 마감한다. 그러나 프랑스 국민 중 누구도 그의 죽음을 슬퍼하지 않았다. 루이 14세가 죽고 나자 강력한 왕권이 사라진 자리에 루이 13세 때의 파리고등법원 세력이 다시 권력을 잡으며 그동안의 개혁을 무력화시켰다. 이로 말미암아 1789년 프랑스 대혁명의 싹이 움트기 시작한다.

2. 프랑스의 신고전주의 연극

1) 신고전주의의 확립

17세기 중반 신고전주의가 확립되기 이전에 프랑스에는 어떤 연극들이 있었을까? 15세기에 종교단체들에 의한 종교극이 있었고 16세기에는 이탈리아의 코메디아 델라르테 극단들이 프랑스 지역을 순회하였다. 그리고 프랑스 궁정에서는 극적인 요소보다는 화려한 볼거리와 가면극을 중심으로 왕실 가족과 귀족 계급을 위해 제작된 궁정 연희가 있었다. 16세기 말에는 파리의 상설극장인 부르고뉴 극장(Bourgogne, 1548)에서 극작가 알렉상드르 아르디(Alexandre Hardy, 1572~1632)의 멜로드라마 양식의 작품들이 올려져서 대중적으로 성공을 거두었다.

하지만 17세기 중반이 되어서 프랑스 연극의 주요 쟁점은 이탈리아 신고전주의 규칙을 지킬 것인가 말 것인가의 문제로 귀결된다. 이전 아르디의 작품만 하더라도 삼일치 법칙과는 무관하게 전개되었다. 그러나 결과적으로 프랑스는 신고전주의 이론을 엄격히 준수하는 쪽으로 발전하기 시작하여 연극의 모든 분야를 평정한다. 신고전주의 규칙을 확립하는 데 결정적으로 영향력을 미친 것은 1637년 설립된 '프랑스 아카데미'이다.

프랑스 아카데미는 이탈리아 아카데미를 모방한 것으로 루이 13세 때 재상이었던 리슐리외의 권고로 설립되었다. 리슐리외는 이탈리아 출신으로 강력한 왕권 중심의 정치를 펼쳤으며 이탈리아의 문화를 프랑스에 전수하는 데 결정적인 역할을 한 사람이다. 리슐리외는 신고전주의 규칙에 대한 심각한 문제가 발생하면 이를 프랑스 아카데미에 넘겨

조언을 구했다. 그런데 프랑스 아카데미가 생기고 얼마 되지 않아서 일명, '르 시드 논쟁'으로 불리는 사건이 벌어지게 된다. 피에르 코르네유의 〈르 시드〉란 작품이 신고전주의 규칙성에서 벗어나는지에 대한 심사가 프랑스 아카데미에서 열린 것이다.

결론은 규칙 위반이었다. 이후 프랑스에서는 '삼일치 법칙의 준수', '박진성'과 '적합성', '장르의 순수성', '5막 구조', '시적 정의(도덕적 교훈)' 등 신고전주의 규칙이 더 엄격하게 지켜지게 된다.

2) 신고전주의의 대표적인 작가

① 피에르 코르네유(Pierre Corneille, 1606~1684)

원래 직업은 변호사였으며 수로 및 삼림을 관리하는 관청의 법률 고문이었다. 그의 첫 번째 희곡은 〈멜리트(Mélite)〉라고 하는 희극이었는데, 1629년 루앙에서 초연되어 성공을 거둔다. 이후 〈클리탕드르〉(1631), 〈과부〉(1632), 〈궁전 회랑〉(1632), 〈시녀〉(1634), 〈왕의 처소〉(1634), 〈희극적 환상〉(1635) 등의 희곡을 발표하며 프랑스에서 주목받는 작가의 반열에 오른다. 그러다가 1637년에 쓴 비극 〈르 시드(Le Cid, The Cid)〉란 작품이 신고전주의 규칙 논쟁에 휘말리게 된다.

프랑스 아카데미는 이 작품에 대하여 시간의 일치는 준수하였지만, 공간과 행위가 일치하지 않아 신빙성(사실성)이 떨어진다고 지적하였다. 그리고 비극적인 결말을 지키지 않고 해피엔딩으로 마무리하여 장르의 순수성을 위반했으며 주인공 시멘느가 자신의 아버지를 죽인 살인자와 결혼하는 것은 부도덕한 행동으로 박진성과 적합성을 위배했다고 논평하게 된다. 코르네유는 이에 크게 실망하고 몇 년간 희곡을 쓰지 않았

다. 그러나 훗날 〈르 시드〉는 프랑스 고전극의 기초가 된 작품으로 평가
받는다.

코르네유는 1640년이 되어서야 신고전주의 규칙을 준수한 새로운
작품들을 쓰기 시작한다. 〈호라티우스〉(1640), 〈키나〉(1641), 〈폴리외크
트〉(1642), 〈로도귄느〉(1644), 〈테오도루스〉(1646), 〈헤라클리우스〉(1647)
등 여러 편을 발표하였다. 코르네유의 작품들은 주로 비극이었지만
1643년에 쓴 희극 〈거짓말쟁이〉를 통해 그가 희극과 비극 모두에 일가
견이 있는 작가임을 증명했다.

② 장 라신(Jean Racine, 1639~1699)

프랑스 아카데미에서 발표한 〈르 시드〉에 대한 논평은 이탈리아 신고
전주의의 기준을 프랑스에 확립하는 데 결정적인 역할을 한다. 이에 라
신은 엄격한 신고전주의 규칙을 자신의 극작술에서 철저하게 지켜나간
다. 라신의 극작가로서의 성공은 그의 뛰어난 극작술 때문이었지만, 사
실 인간적 평판은 그리 좋은 편이 아니었다. 자신의 성공을 위해 협잡
과 술수를 부리고 다른 작가를 골탕 먹이는 비윤리적 행위로 손가락질
을 받기도 했다.

일례로 동시대에 활동했던 극작가 몰리에르는 라신의 작품에 충고와
격려를 아끼지 않았으며 라신에게 공연 기회를 주선하기도 하였다. 그
러나 라신은 자신의 작품 〈알렉산드로스 대왕〉을 몰리에르 극단에서 3
회 공연한 후, 몰리에르와 경쟁 관계에 있던 오텔 드 브루고뉴 극단으
로 빼돌렸다. 더욱이 몰리에르 극단의 주연급 여배우를 꼬드겨서 경쟁
극단으로 옮기도록 부추겼다. 그 여배우는 라신의 애인이었다. 이후 몰
리에르는 라신과 절교했고 두 사람은 사사건건 대립했다.

이 밖에도 라신은 자신의 정치적 인맥을 이용하여 자기 뜻과 대립하는 사람들을 방해하는 비열한 음모도 마다하지 않았다고 전해진다. 이에 라신의 경쟁 상대들은 그의 작품 〈페드르(Phaedre)〉(1677)의 첫 공연에 맞춰 다른 연극을 올림으로써 라신에게 흥행 실패를 안겨주었다. 하지만 아이러니하게도 라신의 실패작 〈페드르〉는 프랑스가 낳은 가장 유명한 비극 작품 중 하나로 손꼽힌다. 〈페드르〉는 에우리피데스의 비극 〈히폴리투스〉를 기초로 쓴 작품으로 신고전주의의 완벽한 예를 보여준다. 라신의 죽음과 함께 프랑스 신고전주의 시대도 막을 내린다.

라신의 작품으로는 비극 〈테베인〉(1664), 〈알렉산드로스 대왕〉(1665), 〈앙드로마크〉(1667), 〈브리튼인〉(1669), 〈베레니스〉(1670), 〈페드르〉(1677), 〈에스테르〉(1689), 〈아탈리〉(1691) 등이 있고 유일한 희극으로 〈소송인〉(1668)이 있다.

③ 몰리에르(Molière, 1622~1673)

프랑스 신고전주의 극작가 중에서 현대 연극에 가장 큰 영향을 끼친 인물로 희극 작가인 몰리에르를 꼽을 수 있다. 그는 신고전주의 규칙을 준수하며 글을 썼고 이탈리아의 코메디아 델라르테의 영향을 받아 비극보다는 희극에서 탁월한 능력을 발휘했다. 원래 그의 본명은 장 밥티스트 포클랭(Jean-Baptiste Poquelin)이다. 법학사 자격을 받아 변호사가 될 수도 있었지만, 집안의 반대에도 불구하고 1643년 일뤼스트르 테아트르(l'Illustre Théâtre)라는 극단을 결성하여 희극을 공연한다. 그러나 연속되는 흥행 실패로 빚을 지고 감옥에 가기도 한다. 이후 12년 동안 프랑스 각지를 순회하며 공연한다. 이 시기에 몰리에르는 이탈리아 희극을 배워 극작을 시작했으며 뛰어난 희극 배우 겸 극작가로 성장한다.

1658년 루이 14세 앞에서 〈사랑에 빠진 의사〉를 공연하여 성공을 거두고 이후에는 국왕의 전속극단이 되었다. 1664년 몰리에르는 베르사유 궁전에 불려가 루이 14세 앞에서 〈타르튀프〉를 낭송하였다. 그러나 〈타르튀프〉는 커다란 논란을 몰고 왔다. 루이 14세는 매우 좋아했지만, 공연을 앞두고 대주교를 비롯한 성직자들의 반대로 공연이 취소되었다. 이유는 주인공 타르튀프가 겉으로는 독실한 신앙인인 체하며 성직자와 비슷한 옷을 입고 등장하지만, 실제는 음식과 여자, 돈을 탐하는 위선자의 모습이었기 때문이다. 성직자들은 이것을 종교에 대한 공격이라고 주장하였다. 몰리에르의 항변에도 상연은 금지됐으며 여러 차례의 개작을 거쳐 1669년 공연되었다. 공연은 대성공이었다. 지금도 프랑스에서 가장 빈번하게 공연되는 작품 중 하나이다.

그 밖의 대표작으로는 〈남편들의 학교〉(1661), 〈아내들의 학교〉(1662), 〈인간혐오자〉(1666), 〈수전노〉(1668), 〈서민 귀족〉(1670), 〈스카팽의 간계〉(1671) 등이 있다.

3) 프랑스 신고전주의 시대의 극장

1548년 수난극 조합(종교극을 공연하기 위해 파리의 상인들과 수공업자들이 구성한 아마추어 극단)이 건립한 오텔 드 부르고뉴 극장(Hotel de Bourgogne)이 파리의 유일한 상설극장이었다. 건물은 폭이 좁고 길이가 길었다. 무대 앞에는 관객들이 서서 구경하는 피트석(pit)이 있고, 삼면의 벽에는 박스석(box)이 있다. 그리고 좌석이 이어져 있는 갤러리(gallery)가 있고 갤러리 3층 이상은 파라디스(paradis)였다. 장면 연출은 대체로 중세 수준에 머물러 있었다.

1634년에 마레 극장(Théâtre du Marais)이 개관하였다. 이 극장은 테니스장을 개조한 것이다. 그래서 건물의 모양이 부르고뉴처럼 폭이 좁고 길이가 긴 형태였다. 실내를 개조하며 건물의 한쪽 끝에 단을 쌓아 무대를 세우고 임시 갤러리를 설치하여 극장의 형태를 갖추었다.

1641년에는 루이 13세 때의 재상 리슐리외가 건립한 팔레-카르디날(Palais-Cardinal)이 있다. 이 극장은 프랑스 최초로 프로시니엄 아치가 장식되어 있었으며 이탈리아에서 장면 전환 장치를 도입하여 극장에 설치하였다. 수용 관객은 1,500명 정도였는데 300명은 입석, 700명은 반원형의 계단식 좌석, 330명은 갤러리석 그 밖에 귀족들을 위한 특별석이 있었다. 리슐리외가 죽고 나서 팔레-루와얄(Palais-Royal)로 이름이 바뀌었고 몰리에르 극단의 근거지로도 사용되었다.

프랑스를 대표하는 극장이라면 단연 1680년 루이 14세의 명으로 건립된 코메디 프랑세즈(Comédie-Française)가 있다. 당시에 정부 보조를 받던 극단은 모두 다섯 군데였는데, 오페라 극단, 이탈리아 코메디아 델라르테 극단, 부르고뉴 극단, 마레 극단, 몰리에르 극단이었다. 1673년 몰리에르가 사망하자 루이 14세의 명으로 마레 극단과 몰리에르 극단이 통합된다. 그리고 1680년에는 부르고뉴 극단과 마레-몰리에르 극단을 또다시 병합하여 코메디 프랑세즈 극단을 만든다. 루이 14세는 이 극단에 프랑스어로 된 작품 공연의 독점권을 부여함으로써 프랑스의 유일한 직업 극단이 된다. 그리고 1689년에 코메디 프랑세즈의 국립극장이 되었다.

제8장

18세기 유럽의 연극

1. 18세기 유럽의 시대적 배경

18세기는 19세기의 변화를 대비하는 전환기이자 과도기였다. 18세기 유럽은 정치, 경제의 구조적 변화가 활발하게 진행되며 근대국가로 옮겨가던 시기인데, 이 변화는 사회, 문화적 변화로까지 이어졌으며 시민들의 일상생활 전반에 걸쳐 영향을 미쳤다.

유럽의 나라들은 농업 위주의 산업 정책에서 제조업과 국제무역을 중심으로 하는 중상주의 정책으로 빠르게 전환하였다. 그리고 식민지를 개척하는 데 경쟁적으로 뛰어들었다. 이들이 식민지 개척에 뛰어든 이유는 제조업의 번영으로 자국의 경제 시장이 이미 포화상태였기 때문이다. 따라서 각국은 해외 식민지 경쟁을 통해 시장 확보에 총력을 기울일 수밖에 없었다. 제조업과 무역업의 성장은 유럽에 경제적 번영을 가져다주었고 자본가 계급이 생겨났다. 하지만 그럴수록 유럽 열강들의 식민지 쟁탈전은 더욱 치열해질 수밖에 없었다.

2. 18세기 프랑스의 시대적 배경

18세기의 정치적 사건으로 절대 빠트릴 수 없는 사건을 들라면 1789
년의 프랑스 대혁명(1789~1799)이라고 할 것이다. 역사적으로 프랑스 대
혁명은 19세기 이후 현대사회에 정치뿐만 아니라 사상적으로도 큰 유
산을 남겼다.

프랑스 대혁명의 원인은 루이 15세(재위 1715~1774)부터 이어져온 시
민계급에 대한 과도한 세금 차별과 불평등 때문이었다. 사실 프랑스는
이미 루이 14세 말년에 재정 악화 상태였으며, 루이 15세의 불필요한
전쟁(영국 조지 2세와의 7년 전쟁)은 국가 재정을 더욱 어렵게 하였다. 그
와중에 인구의 2% 정도밖에 안 되는 제1계급(추기경과 교회 성직자)과 제2
계급(귀족)은 면세 혜택을 누리며 부와 명예를 독점하였고 제3계급인 시
민들만 무거운 세금을 부담해야 했다. 결국 루이 16세에 이르러 재정은
파탄 나고 흉년은 계속되어 시민들의 불만은 극에 달한다.

1789년 루이 16세(1774~1792)는 재정 파탄을 메울 방안으로 제1, 제2
계급에도 세금을 부과하는 개혁안을 통과시키기 위한 삼부회를 5월 5
일 베르사유 궁전에서 소집한다. 그러나 머릿수에 따른 표결 방식과 신
분별 표결 방식을 두고 성직자 대표와 귀족 대표, 시민 대표 간에 갈등
이 생긴다. 결국 표결이 실패하자 시민들은 회의장을 테니스 코트로 옮
기고 새로운 헌법이 제정될 때까지 의회를 해산하지 않겠다고 선언하
며 국민의회를 조직한다. 이것이 바로 유명한 '테니스 코트 선언'이다.

이후 혁명 세력은 1791년 입헌군주제를 골자로 하는 새로운 헌법
을 제정하고 입법의회를 구성한다. 하지만 1년 후인 1792년 선거를 통
해 새로운 의회인 국민공회가 소집되면서 입헌군주제 헌법은 폐기된

세계사 속의 서양 연극사

다. 그러면서 국민공회는 공화정을 선포하고 프랑스 제1공화국이 수립된다. 이 당시 국민공회를 장악하고 있던 혁명 세력은 다시 두 개의 세력으로 나뉘어 갈등을 겪었는데, 소시민과 노동자층의 지지를 얻고 있던 급진개혁 세력 자코뱅당과 부르주아 지식인들의 지지를 받는 온건개혁 세력 지롱드당이었다. 두 당은 루이 16세의 처형을 놓고 대립하였다.

이때 자코뱅당의 로베스피에르는 국민공회 연설에서 절대왕정의 폐해와 신분제의 억압을 시민들에게 상기시키며 루이 16세를 비롯하여 왕비, 왕족들을 처형해야 한다고 역설한다. 국민공회는 로베스피에르의 의견에 따라 루이 16세를 재판에 회부하고 투표를 통해 사형을 확정한다. 그리고 루이 16세는 1793년 시민들이 지켜보는 가운데 지금의 콩코드 광장에서 단두대의 이슬이 된다. 몇 개월 후 왕비 마리 앙투아네트 역시 단두대에서 처형되었다.

이 처형을 기화로 로베스피에르는 수많은 반대파를 단두대로 보내고 처형한다. 그뿐만 아니라 약탈과 도적질, 강간 등의 일반 범죄자부터 뇌물을 수수한 관료들까지 모두 공개 처형을 하며 공포정치로 악명을 떨친다. 하지만 이런 공포정치는 결국 또 다른 반란으로 이어지며 로베스피에르 자신도 단두대에서 처형되는 신세가 되고 만다.

로베스피에르가 처형된 후 1795년 국민공회는 새로운 정치 체제인 총재정부를 수립하였지만, 1799년 나폴레옹 보나파르트(Napoléon Bonaparte)의 쿠데타로 총재정부는 전복되고 나폴레옹에 의해 통령정부가 세워지며 혁명은 일단락된다.

이후 1804년 나폴레옹이 프랑스의 초대 황제로 즉위하며 프랑스는 제정 시대를 맞이한다. 루이 16세를 처형하고 공화정을 선포한 지 12년

만의 일이었다. 하지만 나폴레옹이 실각한 다음의 프랑스는 붕괴한 부르봉 왕조가 부활하며 왕정으로 회귀한다.

현대에 와서 프랑스 대혁명은 단지 프랑스만을 위한 혁명은 아니었다. 결과적으로만 보면 왕정에서 공화정, 총재정부, 통령정부, 제정을 거치며 다시 원래의 왕정으로 회귀하는 의미 없는 혁명으로 보일 수 있다. 하지만 공고했던 절대왕정과 특권층의 권력을 깨어 있는 시민의 힘으로 붕괴시켰던 혁명이었으며, 그 시민들이 사상적으로 변화하고 있음을 말해주는 사건이었다.

그리고 그와 같은 사상적 변화의 중심에는 바로 계몽주의가 있었다. 계몽주의는 봉건 시대의 지배적인 이데올로기로 누구도 의심하지 않았던 절대왕정을 부정하게 되는 시민 사상의 원천이 되었다. 이후 계몽주의는 정치, 경제, 문화, 예술의 변혁을 주도하는 이론적 방향이 되었으며 훗날 18세기를 '계몽주의 시대'라고 부르게 된다.

프랑스의 대표적인 계몽주의 사상가로는 드니 디드로(Denis Diderot, 1713~1784), 몽테스키외(Montesquieu, 1689~1755), 볼테르(Voltaire, 1694~1778), 장 자크 루소(Jean-Jacques Rousseau, 1712~1778) 등이 동시대 프랑스의 사상을 이끌었다. 이들은 사상가일 뿐만 아니라 극작가로서 자신들의 계몽주의 사상을 효과적으로 전달하기 위해 연극을 적극적으로 활용하여 극작에도 관여하였으며, 특히 디드로는 '드람(drame, 시민극)'이라는 새로운 연극 형식을 만들기도 했다. 그리고 이들이 쓴 다양한 책들은 교육의 혜택을 입은 중산층 시민들에게 영향을 주며 절대왕정을 개혁하는 데도 일조했다. 계몽주의의 발생지는 프랑스였지만 그 파장은 곧 유럽 전역으로 퍼져나갔다.

3. 18세기 프랑스의 연극

1) 감상희극, 희가극

18세기 초 프랑스에서는 코메디 프랑세즈의 연극 독점에 대응하기 위해 팬터마임을 곁들인 희극이 거리에서 유행하였다. 일명 '희가극'인데, 유행가를 사용하여 정치, 사회 이슈를 풍자하기도 하였다. 그러나 개혁성을 지닌 풍자보다 감상적인 경향을 띤 감상희극에 가까웠다. 하지만 일부 극작가들은 감상희극에 변형을 시도했다.

그중에서도 특히 극작가 보마르셰(Pierre-Augustin Caron de Beaumarchais, 1732~99)는 감상주의에서 벗어나 사회, 정치 풍자에 몰두했다. 보마르셰의 풍자는 당시의 사상적 흐름인 계몽주의와 무관하지 않다. 그의 대표작인 〈세비야의 이발사〉(1775)와 〈피가로의 결혼〉(1784)은 모두 코메디 프랑세즈에서 공연되었는데, 이 두 작품은 감상적인 인물들을 제시하면서도 당시의 정치, 사회적 문제들을 반영하고 있다. 특히 〈피가로의 결혼〉의 플롯은 주인공인 피가로의 계략에서 비롯된 예상치 못한 사건의 꼬임으로 넘쳐나서 당시 코미디의 모범을 보여 준다.

하인 피가로는 하녀 수잔나와 약혼한 사이지만 주인인 알마비바 백작은 수잔나가 피가로와 결혼하기 전에 자기와 먼저 동침하기를 원한다. 이는 중세부터 귀족들의 권리처럼 내려오던 '초야권'을 행사하려던 것이었다. 하지만 피가로의 계략에 난봉꾼 백작은 망신을 당하고 부인 앞에서 성실한 남편이 될 것을 서약한다. 이 작품에서 망신을 당하는 쪽은 주인인 백작인데, 그도 이런저런 계략을 꾸미지만 매번 하인인 피가로의 꾀에 넘어가 우스운 꼴을 당한다.

이 작품은 당시 프랑스 사회에 계몽주의 사상이 널리 퍼져 있음을 증명한다. 그리고 보마르셰 또한 그 사상적 경향을 작품에서 드러내고 있다. 그의 초기작 〈외제니〉(1767)의 서문을 보면 자신이 계몽주의자였던 드니 디드로의 계승자임을 밝히고 있다. 계몽주의 사상가들은 전통적 가치관에 대한 개혁과 보편적 이성에 대한 신뢰를 통해서 사회적 번영을 이룰 수 있다고 생각했다. 이들에게는 생각하는 대중이 필요했다. 그러므로 보마르셰에게는 글과 연극으로써 당시 프랑스 사회의 모순을 지적하고 계몽하기 위한 분명한 의도가 숨어 있었다고 볼 수 있다.

보마르셰는 〈피가로의 결혼〉에서 기존 희극이 가진 감상성에 도덕성이 강조된 희극을 보여준다. 이것은 기존의 희극에서는 보기 어려운 부분이다. 〈피가로의 결혼〉은 사회계층 간의 갈등과 상류층의 위선을 고발하고 하류층 피가로의 날카로운 지적 능력을 보여 줌으로써 18세기의 지배적인 이데올로기였던 계몽주의를 따르고 있다. 이러한 모습은 희극뿐만 아니라 중산층 비극에서도 계몽주의의 영향을 받아 이성적 낙관주의 경향으로 나타난다.

2) 중산층 비극

18세기 초, 유럽의 연극은 아직 신고전주의의 영향력이 미치던 시기였다. 이후 18세기 중반이 되면 차츰 신고전주의 비극이나 희극의 규칙에서 벗어나려는 움직임을 보인다. 대표적인 움직임으로 드니 디드로(Denis Diderot, 1713~1784)의 드람(drame, 시민극)이라는 새로운 형식의 연극이 있다. 드람은 '부르주아/중산층 비극', '가정비극'으로 중산층 출신의 비극적 남녀를 주인공으로 내세우며 일반 가정 관심사에 초점을 맞춘 장르이다. 디드로는 평범한 중산층의 문제들로도 도덕적이고 철학적인 결론을 얻을 수 있다고 생각했다. 주 내용은 중산층들의 권선징악적 도덕성을 강조하는 줄거리가 대부분이었고, 형식적으로는 감상성이 짙은 멜로드라마적 경향을 띠고 있다.

드람의 출현이 갖는 연극사적 의미는 사상적 흐름과 시대적 배경이 바뀌었음을 직접적으로 보여주는 예시라고 할 수 있다. 18세기 중산층의 출현과 성장은 사회적, 정치적 영향력이 확대되었음을 의미하며, 따라서 예술에서도 중산층의 문제와 이들의 시각이 반영될 수밖에 없는 시대가 되었다는 뜻이다. 그러므로 중산층 인물들이 연극의 새로운 주인공으로 제시되고 가족 간의 문제나 가정환경이 주 플롯으로 등장하였다는 것은 연극사적 관점에서도 큰 사건이라고 할 수 있다.

이 밖에도 디드로가 연극사에 미친 영향력은 대단히 크다. 그는 1773년 『연기의 패러독스(The Paradox of Acting)』에서 연기에 관해 다음과 같이 주장하고 있다. "훌륭한 배우란 표현하려는 감정을 직접 경험해보지 않고서도 치밀한 계산과 기교를 통해 관객들이 그 감정을 느낄 수 있도록 일깨워주어야 한다."[1] 특히 그의 연기이론 가운데 '제4의 벽'(fourth wall)이라는 개념은 19세기까지도 지속적인 논의의 대상이 되었으며 후에 사실주의 연극에 막대한 영향을 주게 된다. 제4의 벽이란? 연극은 눈에 보이지 않는 4번째 벽을 통해 들여다보는 것으로 관객뿐만 아니라 배우들도 이것을 인식하지 않고 연기해야 함을 뜻한다.

---

1 에드윈 윌슨 · 앨빈 골드퍼브, 『세계연극사』, 김동욱 역, 퍼스트북, 2015, 359쪽.

3) 프랑스의 살롱 문화

살롱(salon)은 17세기에 생겨나서 18세기의 계몽주의와 함께 프랑스 사회에 중요한 영향력을 행사했다. 당시 살롱의 숫자가 4,000여 곳이나 될 정도로 살롱 문화가 널리 퍼져 있었다. 살롱은 귀족들의 사교 모임 장소였지만 내용적인 측면을 들여다보면 단순한 여흥을 넘어서 철학과 문학 그리고 예술에 관한 토론이 이루어지던 만남의 장소이기도 했다.

18세기 살롱의 역할을 간추려보면, 첫째로 지식인들과 귀족들 그리고 신흥 부르주아 시민 계층들이 모이는 여론 형성의 장소였다. 이전까지는 왕과 종교가 가진 힘이 막강하여 대체적인 여론 형성의 중심지가 궁정이나 교회였다. 하지만 대도시를 중심으로 귀족 부인들이 형성한 살롱은 신분이나 국적에 상관없이 교양 있고 재치 있는 언변을 가진 사람이라면 누구나 드나들 수 있는 장소였다. 살롱으로 인해 계몽주의 사상은 한층 수월하게 전파될 수 있었으며 다양한 여론이 궁정과 교회밖에서도 만들어지게 된다.

둘째, 신진 예술가에는 기회의 장이었으며 기성 예술가에는 새 작품을 선보일 수 있는 발표회장이었다. 보마르셰의 〈피가로의 결혼〉이 귀족들을 조롱한다는 이유로 검열을 통과하지 못하고 있을 때, 작은 살롱에서의 낭독회로 세간의 관심을 끌었고 결국에는 공연으로까지 이어져 대성공을 거두었다. '피아노의 시인'이라는 별칭으로 잘 알려진 작곡가 쇼팽(1810~1849) 역시 살롱 문화의 혜택을 누린 음악가이다. 그는 소심하고 내향적인 성격으로 대규모 홀에서의 연주를 부담스러워했다. 하지만 작은 규모의 살롱 음악회에서는 자신의 진가를 발휘하며 작곡가로서 명성을 쌓았다.

레모니에, 〈1755년 조프린 부인의 살롱에서〉

셋째, 억압적인 사회 분위기 때문에 외부와의 접촉이 적었던 여성들에게 외부 세계와 접촉할 수 있는 징검다리 역할을 하였다. 이에 대한 부정적 의견이 있기도 하지만 살롱에 드나드는 유럽 각국 지식인들과의 교류는 여성들의 사회적 인식과 지위 향상에 큰 공헌을 하였다.

그 밖에도 살롱에서는 아름다운 말이 존중받았다. 교양인다운 언변과 비유적 수사 등을 통해 조금은 더 특별하고 새로운 어휘들이 사용되면서 프랑스어를 풍성한 언어로 만드는 데 일조했다.

4. 18세기 영국의 시대적 배경

18세기 영국은 프랑스와 비교하면 여전히 왕의 권력이 살아 있던 시대였다. 스튜어트 왕가의 앤(재위 1702~14) 여왕의 뒤를 이어 하노버 왕가에게 왕위가 넘어가면서 1714년에 하노버 왕가의 조지 1세(재위 1714~27)가 왕위에 오른다. 조지 1세가 왕이 되었을 때 영국은 이미 유럽에서 가장 강력한 제국이었다. 그것은 스페인과의 전쟁에서 승리하여 지중해의 해상권을 장악하고 있었으며 스페인령이었던 신대륙에 무역거점을 확보한 결과였다.

이후 유럽의 식민지 쟁탈전은 더욱 불이 붙어서 1756년 영국의 조지 2세(재위 1727~60)가 프랑스의 루이 15세와 식민지의 패권을 놓고 7년전쟁을 벌인다. 이 전쟁은 1763년 프랑스와 영국 사이에 파리 조약이 체결되면서 사실상 영국의 승리로 끝난다. 이 시기에 왕이었던 조지 3세(재위 1760~1820)는 7년 전쟁의 전리품으로 북아메리카와 인도를 획득하면서 전 세계에 가장 넓은 식민지 영토를 갖게 된다.

그러나 조지 3세의 통치 시기에 발생한 흉년과 인플레이션, 실업 등의 사회적 요인과 7년전쟁으로 인한 국가 재정의 위기는 통치의 불안 요인이었다. 결국 국가 재정을 충당하기 위해 아메리카 식민지에서 세금을 늘리기로 한다. 그러나 이 정책은 오히려 아메리카인들의 불만을 격화시키면서 1775년 미국의 독립전쟁을 초래한다. 전쟁은 프랑스군이 참전하며 영국군의 패배로 끝난다. 그리고 1783년 미국은 영국의 식민지에서 독립한다.

영국은 아메리카 식민지를 잃었지만, 재정 위기를 빠르게 회복한다. 그것은 18세기 중반 일어난 영국의 산업화, 즉 1차 산업혁명(약 1760~1830 사이) 덕분이었다. 영국에서 산업화가 다른 나라보다 빨리 일어날 수 있었던 원인으로는 동력의 원료였던 석탄과 철광석, 그리고 도시화로 인한 풍부한 노동력을 꼽을 수 있다. 또한 여전히 많은 식민지를 보유하고 있어서 판매망도 갖추고 있었다. 여기에다 1769년 제임스 와트가 개량한 증기기관이 상용화되면서 이전의 수공업과는 비교할 수 없는 대량생산 체제를 갖춘다.

여기서 주목해야 할 사실은 1차 산업혁명이 영국에서 시작되기는 하였으나 아직은 영국에 국한된 상황이라는 것이다. 산업혁명 초기 유럽 대부분 나라는 영국을 제외하고 여전히 가내수공업과 농업이 주력산업이었으며, 영국 산업화의 충격이 전 유럽에 퍼지는 데는 상당히 오랜 시간이 걸렸다. 따라서 영국의 산업혁명이 이후 각 나라에 미치게 되는 정치, 경제, 문화의 변동 차이를 일률적으로 재단하기는 어렵다.

다만 산업혁명의 영향이 점차 현대의 자유주의 경제 체제로 옮겨가면서 낳게 되는 또 다른 문제점의 시초가 된 것만은 분명해 보인다. 예를 들어, 인류는 산업화의 비약적인 발전으로 빈곤에서부터 해방되었지만, 그 열매가 공평하게 분배되었는지는 의문이다. 실질소득이 증가하였다지만, 오히려 빈부의 격차는 더 벌어졌고 자본가와 노동자라고 하는 새로운 신분 계급이 만들어졌으며 산업폐기물과 매연으로 인한 환경오염은 임계점에 다다른 느낌이다. 도시과밀화로 인한 지역 불균형은 미래 갈등의 씨앗을 품고 있었다.

1차 산업혁명 이후 재정 압박에서 벗어난 영국은 조지 1세로부터 시작된 하노버 왕가의 마지막 왕인 빅토리아 여왕(재위 1837~1901)까지 200년 동안 6명의 군주를 배출하였다. 특히 빅토리아 시대의 영국은 제국주의 정책을 지속하며 식민지 확보를 고수하였고 '해가 지지 않는 나라', 대영제국으로 불리며 영국 역사에서 최고의 번영을 누린다.

5. 18세기 영국의 연극

1730년대 이탈리아 가극을 패러디한 발라드 오페라(ballad opera)가 영국에서 인기를 끌었다. 이 형식은 구어체의 대사를 당시 유행가 멜로디에 붙여 노래와 번갈아가며 하던 공연이었다. 사회에 대한 조롱과 정치적 풍자가 주된 내용이었다. 대표적으로 존 게이(John Gay)의 〈거지 오페라〉가 있다.

또 다른 대중 공연의 형태로 감상희극(sentimental comedy)이 있다. 오늘날까지도 제작되고 있는 장르로 사회관습과 규범을 풍자한 풍속희극이다. 18세기 후반에 오면 이러한 감상희극에 문학성이 가미된 희극이 등장한다. 일명 벌레스크(burlesque)인데 풍자 대상을 왜곡하여 부조화의 상태로 만드는 패러디 기법이 사용되었다. 그러나 감상희극보다 세태 풍자가 좀 더 노골적이고 거친 면이 있다. 리처드 브린슬리 셰리던(Richard Brinsley Sheridan, 1751~1816)이 대표적이다. 그는 풍속희극 〈경쟁자들〉(1775), 〈스캔들 학교〉(1777), 발라드 오페라 〈두엔나〉 등을 쓰기도 했지만, 〈비평가〉(1779)로 문학성 있는 벌레스크를 쓰기도 하였다.

그러나 18세기 영국의 연극은 연극사에 특별한 공헌을 남기지는 못했다. 왕권의 위세에 눌려 영국의 연극은 정체 상태였다. 1737년 영국의 조지 2세(재위 1727~60)는 의회에서 연극에 대한 특허법(면허법, Licensing act)을 통과시키면서 모든 희곡과 연극에 대해서 국가가 위임하는 특별한 사람에게 허가를 받도록 했다. 특허권은 연극에 대한 일종의 검열과 감시 수단이었다. 당시 연극 허가의 책임자는 체임벌린 경이었는데, 그의 검열과 허가 없이는 어떠한 희곡도 공연할 수 없었다. 다만 이 특허법은 드루어리 레인(1663년 개장)과 코벤트 가든(1732년 개장)만을 영국의

드루어리 레인 극장

합법적인 연극 극장으로 인정해주었다. 하지만 많은 연극 제작자들은 특허법의 법률에 저촉되지 않는 선에서 극장 운영을 계속했다. 예를 들어 연주회 입장료를 내고 들어온 관객에게 연극은 무료라고 홍보하거나, 초콜릿을 팔면서 연극의 추가 비용은 받지 않는 식으로 법망을 피해 공연하였다.

그러는 사이에 연극 독점권을 가진 드루어리 레인과 코벤트 가든 극장은 19세기(1737~1843)까지 연극의 중심으로 자리 잡았다. 위의 두 극장에서 공연된 연극들이 영국 연극의 변천사를 대변해주고 있다고 해도 과언이 아니다. 런던의 코벤트 가든 극장은 연극 독점권을 이용해 1787년과 1792년에 증축되어 객석을 3,000석으로 늘렸다. 1856년 화재로 인한 재개관의 시련이 있었지만, 현재까지도 건재하며 영국 연극의 전시장과도 같은 역할을 하였다. 재개관(현재 Royal Opera House) 이후에는 오페라를 주로 공연하면서 오늘날 영국 오페라와 발레의 본거지로 활용되고 있다.

그러나 18세기 영국 연극에도 연극 개혁을 통해 새로운 연극을 모색한 사람이 있었다. 1747년부터 1776년까지 드루어리 레인 극장의 특허권 소유자였으며 배우이기도 했던 데이비드 개릭(David Garrick, 1717~79)이다. 그는 뛰어난 배우였으며 극장 경영자였고 극작가였다. 그리고 현대적 의미의 연출가에 해당하는 임무를 수행하며 영국 연극 부흥에 이바지했다. 이때까지만 해도 아직 연출가에 대한 기능과 공감대가 빈약한 때였다. 하지만 개릭은 극장 최고 경영자라고 하는 지위를 활용해 연극과 무대 개혁을 일구었다. 우선 배우로서 그의 연기 스타일은 지금으로 치면 아주 자연스럽고 사실적인 특징을 가지고 있었다. 당시의 장황한 웅변조 대사 스타일이나 정형화되고 과장된 움직임과는 전혀 다른 연기를 펼쳤다. 그가 구현하는 인물들은 실생활에 바탕을 두고 창조되었다. 그의 자연스러운 연기 스타일은 연출적인 전략이기도 해서 극장에 소속된 배우들에게도 적용되었다. 그리고 그동안의 관례들을 뒤집고 여러 주에 걸쳐 무대 리허설을 했으며 배우들이 시간을 엄수하도록 했다. 리허설 때도 대사만 외우는 것이 아니라 실제 공연과 똑같이 연기할 것을 주문했다.

또한 그 당시 연극 관행이었던 특권층들의 무대 위 연극 관람을 금지했다. 그 밖에도 새로운 무대 조명과 의상, 무대 디자인 등을 시도하며 현대적 의미의 연출가에게 부여된 책임들을 실천했다. 이와 같은 연극 개혁 작업은 개릭을 독일의 괴테와 더불어 현대적 의미의 연출가 출현을 알린 사람으로 기억되게 한다.

그는 극장주로서 셰익스피어의 여러 작품을 드루어리 레인에서 공연하였다. 하지만 그는 17세기 중반 영국 왕정복고 시대를 거치며 조잡스럽게 변한 미사여구들이 셰익스피어 희곡의 아름다움을 망친다고 생각했다. 그래서 개릭은 셰익스피어의 희곡을 당시의 기호에 맞게 각색하였다. 예를 들어 〈햄릿〉의 무덤지기 장면과 오필리아의 비극적 운명을 희곡에서 삭제하고 행복한 결말로 끝을 보았다. 이것은 곧장 드루어리 레인 극장의 성공으로 이어졌다. 이 외에도 자신이 쓴 〈10대의 아가씨〉(1774), 〈톤으로 태어나다〉(1775)와 같은 희곡으로도 성공을 거두었다. 그러나 그의 연극 개혁은 18세기 영국 연극 전통과 상업적 관행들 앞에서 언제나 커다란 제약을 받았다.

6. 18세기 독일의 시대적 배경

오늘날의 독일은 1871년 프랑스와 프로이센 왕국의 전쟁에서 프로이센이 승리하며 최초의 통일국가가 되었다. 따라서 그 이전까지의 독일은 프로이센 왕국(1701~1918)을 중심으로 39개의 군소국가가 연맹체를 유지하고 있었다. 프로이센의 초대 국왕은 프리드리히 1세(재위 1701~13)로 프랑스의 루이 14세를 모방한 화려한 궁정 생활로 유명하다. 하지만 한편으로는 프로이센 대학교를 세우고 예술 아카데미를 설립하여 수도 베를린을 문화도시로 바꾸는 데 일조했다. 그러나 프로이센의 실질적인 전성기는 그의 아들 프리드리히 빌헬름 1세(재위 1713~40)와 손자 프리드리히 2세(재위 1740~86) 때라고 할 수 있다.

프리드리히 빌헬름 1세는 아버지와는 성향이 완전히 달랐다. 그는 예술이나 교육에는 별로 관심이 없었으며 오직 국가 재정을 확충하고 군사제도를 개혁하는 것만이 부강한 나라를 만드는 토대라고 생각했다. 정부 관료들의 수를 줄여 비용을 아꼈으며 그 경비로 군대의 질을 개선하고 군사의 수도 늘렸다. 그 당시 프로이센은 유럽에서 가장 잘 훈련된 군대를 갖고 있었다. 뒤를 이어 왕위에 오른 프리드리히 2세는 할아버지와 아버지의 장점을 골고루 물려받은 왕이었다. 우선 아버지의 정책을 그대로 이어받아 군사력을 강화하였고 영토를 확장하는 한편, 프랑스 계몽사상의 영향을 받아 여러 개혁정책을 펼쳤다. 잔혹한 고문과 언론 검열을 폐지하였고 종교 차별 금지를 법제화하였다. 그는 문학과 예술 애호가로서 오페라 극장을 건설하였고 아버지의 무관심으로 고사 직전에 있던 예술 아카데미를 부흥시켜 학자들의 연구를 도왔다.

이와 비슷한 시기인 18세기 말에 독일의 문예운동 '슈투름 운트 드랑 (Sturm und Drang)'이 독일 문학과 사상계를 접수한다. 이 단어를 굳이 해석하자면 질풍노도(疾風怒濤)라고 번역할 수 있다. 그러나 사실상 고유명사에 해당하므로 원어 그대로 사용하는 것이 바람직하다고 하겠다. 이 운동은 1760년경 계몽주의적 사고방식과 신고전주의 양식에 대한 반동에서 시작되었으며, 훗날 19세기 초 낭만주의(romanticism)의 시작을 알리는 신호탄이 되었다. 따라서 '슈투름 운트 드랑'은 계몽주의와 신고전주의에서 낭만주의로 넘어가는 시기에 과도기적 역할을 담당했던 문예운동이었다고 할 수 있다.

'슈투름 운트 드랑' 시기의 독일 극작가들은 프랑스의 신고전주의 법칙과 계몽주의의 합리성 등이 인간의 창작성을 과도하게 억압한다고 보았다. 이들은 개인의 개성을 중시했으며 인간 내면에 도사리고 있는 감성을 자유롭게 표현하고 싶었다. 그러나 당시 독일의 시대적 상황은 새로운 시대의 도래와 어울리지 않았다. 구시대의 귀족들은 여전히 강력한 신분제의 보호 속에서 화려한 생활을 이어갔다. 그 속에서 젊은이들은 세속적인 출세를 강요받으며 자신들의 불안한 미래를 예견해야 했다. 이러한 당시의 사회상을 반영한 요한 볼프강 폰 괴테(Johann Wolfgang von Goethe, 1749~1832)의 『젊은 베르테르의 슬픔』(1774)이나 프리드리히 실러(Friedrich von Schiller, 1759~1805)의 〈군도〉(1781), 〈간계와 사랑〉(1784) 등이 인기를 얻게 된다. 그러나 이들의 문예운동은 안타깝게도 폭넓은 사회적 동의를 얻지 못하면서 19세기 초 낭만주의의 시작에 불쏘시개 역할로 만족하며 사라지게 된다.

7. 18세기 독일의 연극

18세기의 독일은 아직 통일을 이루지 못한 상태로 남아 있었다. 이전까지 독일의 연극은 각국의 왕실에서 행해지던 오페라나 발레, 그리고 영국의 순회극단들이 와서 하던 코메디아 델라르테와 유사한 형태의 희극이 대중극으로 유행하였다.

그러다가 독일 연극이 새로운 전기를 맞이하게 된 것은 18세기 후반 괴테의 업적이라고 할 수 있다. 괴테는 영국의 개릭이 했던 연극에 관한 개혁을 독일에서 실천하였다. 그는 개릭과 함께 현대적 의미의 연극 연출가였을 뿐만 아니라 작가, 비평가, 철학자였고 바이마르 공국의 재상으로서 정치가이기도 했다. 그는 '슈투름 운트 드랑' 시대를 열었다고 평가되는 역사극 〈괴츠 폰 베를리힝겐〉(1773)을 발표하였다. 그러나 이 작품은 이전까지 독일에서의 전통적 규범이었던 고전주의를 따르지 않고 셰익스피어 극형식을 따랐다는 이유로 격렬한 논쟁에 휘말렸다. 하

독일 국립극장 앞 괴테와
실러

지만 논쟁은 오히려 괴테에게 유명세를 안겨주었다. 이후 비극 〈클라
비고〉(1774), 〈슈텔라〉(1775)를 발표하였고 소설『젊은 베르테르의 슬픔』
(1774)으로 유명 작가의 반열에 오른다.

　괴테는 1775년 바이마르 왕실의 연극 연출자라는 직책을 맡게 되고,
곧이어 거의 전 공국에 걸쳐 연극에 관한 운영 책임까지 맡게 된다. 하
지만 연극 행정은 그의 문학 창작에 방해 요소가 되었고 정신적 안정과
휴식을 주지 못했다. 그래서 1786년 이탈리아로 건너가 2년간 머무른
다. 그곳에서 괴테는 그리스 문명의 아름다움을 발견하고 고전주의에
심취하며 작품의 경향을 고전주의로 선회하게 된다. 괴테 인생의 결정
적인 사건은 극작가 프리드리히 실러와의 만남이다. 그는 실러와의 만
남을 통해 연극에 다시 관심을 두게 되었으며 실러의 희곡들이 괴테의
무대 구상과 결합함으로써 바이마르극(the Weimar theater)을 만들어냈다.
괴테의 연출적 혁신은 대부분 실러와 함께 바이마르 왕실 극장에서 활

동하던 당시에 모두 이루어졌다. 그는 철저한 리허설을 시행했으며 배우들의 연기가 일상적 경험 안에서 조화로운 앙상블을 이루도록 하였다. 하지만 개릭과 같이 더 자연스러운 연기 스타일을 주장하지는 않았으며 세심한 무대 블로킹을 강조하지도 않았다.

하지만 '배우들을 위한 규칙(Rules for Actors)'들을 고안하여 일상생활에서의 품위와 더불어 기능과 전문성을 습득하도록 도왔다. 이를테면 "배우는 무대 위에서 손수건으로 코를 풀어서는 안 되고 침을 뱉어서도 안 된다."[2] 그리고 "매번 새로운 작품을 할 때마다 큰 소리로 희곡을 읽었고 괴테가 원하는 방식으로 대사를 읽고 발음하도록 하였다. 텍스트를 분석하여 대사의 강조점과 속도 등을 조절하였고 무대를 여러 구역으로 나누어 움직임을 지정해주었다. 특히 운문극을 공연할 때는 지휘봉으로 박자를 맞추었다고 한다. 괴테의 목적은 환영을 창출하는 것이 아니라 조화롭고 우아한 그림을 무대화하는 것이었다. 이러한 방식은 그때까지 유럽 어디에서도 볼 수 없었던 가장 완벽한 앙상블을 창조했다."[3] 이것은 현대적 의미의 연출가 역할인 블로킹을 괴테가 독일 연극에서 사용한 흔적이다. 이 밖에도 배우들이 사투리를 사용함으로써 대사 전달이 일정하지 않은 것을 방지하기 위해 무대용 독일어를 확립하는 일에도 매진했다.

---

2 위의 책, 397쪽.

3 Milly S. Barranger, 『서양 연극사 이야기』, 우수진 역, 평민사, 2001, 217쪽 참조.

제9장

19세기 초반 유럽의 연극

1. 시대적 배경

19세기의 유럽 열강들은 18세기부터 이어져온 산업혁명으로 경제적 번영을 누렸으며, 이 번영을 지속하기 위한 식민지의 확대를 가속화하고 있었다. 여기에다 새로운 발명품들은 산업화를 더욱 부채질하였으며 각 나라에서 대두되기 시작하던 민족주의는 19세기를 번영과 혼란이 공존하는 세기로 만들었다.

한편, 사상적인 측면에서는 찰스 다윈의 진화론이 등장했고 칼 마르크스의 사회주의 사상이 대두되기 시작했는데, 이와 같은 급진적 사회 변화는 19세기에 한정되지 않고 20세기 초까지 맹위를 떨치며 정치, 경제, 사회, 문화 그리고 시민들의 일상에까지 적잖은 변화를 몰고 왔다. 그 대표적인 예가 일상생활의 환영을 무대 위에 창조하려고 했던 1870년경의 사실주의이다. 사실주의는 20세기 초에 등장하는 여타의 다른 사조들과 경쟁하면서도 20세기 내내 자신의 특성을 고수하며 현재에까지 이어지고 있다.

이것은 기술의 발전과 사상의 진보로 인류 문명의 변화 속도가 이전 보다 더 빨라졌음을 의미하며 변화의 양상 또한 일관된 지역 구분이나 시대 구분으로는 설명하기 어려운 시대가 되었음을 의미한다.

우선 19세기 초의 산업혁명은 전통적인 지배계급이었던 귀족 지주 계급과 산업화로 자본을 축적한 중산층 부르주아지 계급 그리고 임금 노동자인 프롤레타리아 계급을 형성시켰다. 지주 계급은 봉건제가 붕괴하는 과정에서 자본의 중요성을 새삼 인식하게 되었고 자신들의 권력을 잃지 않기 위해 부르주아지 계급과의 이해관계를 일치시켜야만 했다. 귀족들은 자신들의 정치적 의사 결정권을 부르주아지의 경제적 이익을 보장해주는 쪽으로 의결함으로써 산업혁명의 경제적 번영과 이익을 나누어 가졌다. 결국 이들의 막대한 이익은 심각한 부의 편중을 불러왔다. 그에 비해 공장 노동자들의 삶은 장시간의 노동에도 불구하고 나아지지 않았으며 숙련되지 않은 여성과 아이들까지도 14시간의 장시간 노동에 시달렸다. 그러나 이들이 제공하는 노동의 대가는 극도의 저임금으로 삶의 질을 개선해주지 못했다. 노동자들의 주택 공급은 도시 인구의 폭발적인 증가로 수요를 따라가지 못했고 상·하수도, 치안, 복지, 의료 등에 있어서 사각지대에 놓였다. 거기다가 석탄을 주원료로 사용하던 공장의 매연은 도시의 공기질을 점점 악화시켰다. 산업혁명기의 도시 공해는 노동자들뿐만 아니라 도시생활자 모두의 건강을 위협하는 사회 문제로까지 번졌다.

이렇듯 산업혁명은 세계 근대화의 촉매제가 되었지만, 대다수 노동 자의 비참한 삶은 개선되지 않았다. 이에 19세기 초 '초기 사회주의'[1]자

---

1 자본주의의 문제점은 생산수단을 소유한 자본가들이 기술과 자원 이용에 대한

들은 근대화의 열매가 공정하게 분배되었는지 의문을 품기 시작한다. 초기 사회주의자 가운데 한 사람인 프랑스의 샤를 푸리에(Charles Fourier, 1772~1837)는 이에 대한 해법으로 '팔랑주(Phalanstère)'라는 공산촌을 수립하여 노동과 분배가 평등하게 달성될 수 있는 거대한 집단 공동체를 생각했으며, 앙리 드 생시몽(Henri de Saint-Simon, 1760~1825)과 영국의 로버트 오언(Robert Owen, 1771~1858) 등이 이와 비슷한 공산촌 협동마을 건설을 제안했다. 그러나 이들의 제안은 당시의 권력층이었던 귀족과 중산층들로부터 외면당한다.

이후 독일의 칼 마르크스(Karl Marx, 1818~83)의 등장으로 사회주의는 일대 변혁을 맞이한다. 그는 초기 사회주의자들의 성과를 어느 정도는 인정하면서도 이들의 한계성을 '공상적 사회주의'라고 비판하며 새로운 사회주의 이론을 펼친다. 그는 프리드리히 엥겔스(Friedrich Engels, 1820~1895)와 공동 저술한 『공산당 선언』(1848)과 단독 저서인 『자본론』 (1867)을 통해 급진적이고 도발적인 사회주의 이론을 펼쳤다. 그의 최종 목표는 계급이 존재하지 않는 자유로운 생산자들의 집합으로 구성된 공산주의 사회였지만 그것이 현실화하지 않는다면 프롤레타리아 계급의 혁명을 통해 부르주아 계급을 타도해야 사회경제적 해방과 평등을 이룰 수 있다고 주장했다. 그는 또한 국가와 종교는 부르주아들이 노동자를 착취하는 수단이므로 사회주의 사회에서 사라져야 할 대상으로

───────

독점으로 더 막대한 부를 쌓고, 그 부가 사회 극소수에게 집중됨으로써 모든 사람에게 자신의 능력을 펼칠 기회가 사라진다는 것이다. 그것은 곧 개인의 능력과 상관없이 자본과 노동의 소유관계가 생겨나게 하며 이는 생산력 감소로 이어져 결국 생산계층의 삶은 나아질 수 없고 사회는 부조리한 병리 현상을 낳을 수밖에 없다는 것이다.

보았다.

한편 인간 창조의 종교적 믿음에 대한 문제 제기는 영국의 생물학자 찰스 다윈(Charles Robert Darwin, 1809~82)의 『종의 기원』(1859)에서 비롯됐다. 그는 지구상의 모든 종은 자신의 생존에 알맞은 형질을 자연 선택하며 변화해간다는 진화론을 펼쳤다. 다윈의 진화론은 당시로서는 모든 생명체가 신에 의해 창조되었다는 창조론을 정면으로 부정하는 학설이었다. 그러나 현재까지도 이에 대한 경쟁이론이 나오지 않을 정도로 폭넓은 공감대를 형성하고 있으며 인류 정신문명에 커다란 전환점이 된 사건이다.

그런데 『종의 기원』이 발표되기 몇 년 전에 영국의 사회학자 허버트 스펜서(Herbert Spencer, 1820~1903)가 『사회정역학(Social Statics)』(1851)에서 '사회진화론(Social Darwinism)' 개념을 처음 주장한다. 이후 스펜서는 다윈의 『종의 기원』이 발표되자 이 책의 '생물진화론'에서 밝힌 적자생존 원칙을 인용하여 자신의 사회진화론을 해석하려는 시도를 보인다. 스펜서가 해석하는 적자생존 원칙에 따르면 생물 개체 자체는 하등, 열등, 우등으로 나눌 수 있고, 이 이론은 자연계나 인간 사회에 모두 똑같이 적용될 수 있다. 그 기본 원리는 생존 경쟁으로 이 사회는 강한 사람만이 살아남아서 진화를 이어간다. 물론 오늘날에 그의 이러한 입장은 더는 지지를 받고 있지 못하다. 그러나 19세기 말과 20세기 초까지만 해도 개인의 타고난 자질에 의해 진화의 우열이 있다고 보는 스펜서의 해석은 여러 곳에서 정당화되었다. 특히 19세기 열강들에 의한 제국주의와 식민주의 정책을 합리화하고 경제적으로는 자본가의 독점적 이익을 옹호하는 수단으로 이용되었다. 그리고 2차 대전 당시 나치의 인종주의에 대한 논리적 근거가 되기도 하였다.

이처럼 19세기는 제국주의를 정당화하는 이론에 힘입어 경쟁적으로 식민지를 늘려나갔다. 식민지 경쟁의 또 다른 이유로는 산업혁명을 들 수 있는데, 이들 식민지는 대량생산을 위한 자원과 노동력의 공급처이자 동시에 공산품의 판매 시장이었다. 그중에서도 식민지 경쟁의 선두 주자는 단연 영국과 프랑스였으며, 특히 빅토리아 여왕(재위 1837~1901) 시대의 영국은 세계 대륙의 4분의 1을 식민지로 확보하였고 4억 명의 인구가 대영제국의 신민이었다. 이후 후발주자로 미국과 일본이 제국주의 열강에 합류하며 식민지 건설에 열을 올렸다. 식민지 건설은 제국주의 열강에는 번영의 초석이었을지 모르지만, 그 외 지역의 인류에게는 재앙이나 다름없었다. 하지만 이후 제1, 2차 세계대전을 거치며 대부분의 나라가 독립되었다.

2. 19세기 초의 유럽연극

1) 낭만주의 연극

낭만주의는 18세기 말 독일의 '슈투름 운트 드랑(질풍노도)' 운동에서 영향을 받아 19세기 초 전반 독일을 비롯한 유럽 여러 나라에 퍼졌던 문학과 연극 사조이다. 낭만주의는 독일 연극의 근대화를 촉발한 극작가 레싱(Gotthold Ephraim Lessing, 1729~81)의 연극 혁신에서 비롯되었다. 레싱은 디드로의 연극론에 감화되어 비극과 희극의 구별이 없는 자유분방한 극형식의 시민극을 주장하였다. 레싱의 '슈투름 운트 드랑'은 괴테(Johann Wolfgang von Goethe, 1749~1832)와 실러(Friedrich von Schiller, 1759~1805)

를 거쳐 클라이스트(Bernd Heinrich Wilhelm von Kleist, 1777~1811)와 표현주의적 성향을 보인 뷔히너(Karl Georg Büchner, 1813~37)에 이르기까지 낭만주의의 커다란 흐름을 형성한다.

독일 이외의 지역에서는 이탈리아 작가 만초니(Alessandro Manzoni, 1785~1873)와 프랑스 작가 빅토르 위고(Victor-Marie Hugo, 1802~85)가 각각 자신들의 희곡 〈카르마뇰라 백작〉(1820)과 시극 〈크롬웰〉(1827) 서문에서 고전주의에 정면으로 대항하는 삼일치 법칙의 폐기를 주장하며 낭만주의를 선도했다. 위고는 〈크롬웰〉 서문에서 다음과 같이 이야기한다. "창조에 있어서 모든 것이 아름답지 않다는 것, 추함이 아름다움의 곁에, 기형적인 것이 우아한 것 가까이에, 숭고한 것 이면에 그로테스크가, 선과 악, 그림자와 빛이 함께 있다는 것을 느끼게 될 것이다."[2] 이것은 위고가 낭만주의라고 하는 새로운 시대가 도래하였음을 세상에 알린 선언이었다.

낭만주의자들은 셰익스피어의 희곡들을 이상적인 모델로 삼아 삽화적 구성을 즐겨 사용하였다. 하지만 셰익스피어 희곡의 논리적 구성보다는 분위기와 환경에 더 많은 흥미를 느꼈다. 신고전주의가 실생활에서의 논리적 가능성에 주목하였다면, 낭만주의는 초자연적이며 신비스러운 사건을 강조하였다. 따라서 유령과 마녀, 예언과 저주, 우연의 일치가 기본 요소로 등장하며 민족적 영웅의 이야기, 지역적 전설들을 주요 소재로 사용하였다. 그리고 신고전주의의 이성적 자기 억제와 규범적인 형식미, 조화, 질서, 균형에 반발하여 자유로운 감정 표출과 묘사,

---

2 김찬자, 「빅토르 위고 연극과 그로테스크 미학-『크롬웰』 서문과 『뤼 블라스』를 중심으로」, 『한국프랑스학논집』 69집, 한국프랑스학회, 2010, 48쪽.

예술의 다양성과 상상력을 미덕으로 내세웠다.

그러나 규범으로부터 해방된 낭만주의 연극의 미(美)적 개념은 극의 정교한 구성을 너무 간과한 나머지 연극으로 만들기에는 어려움이 많았고 인물묘사에서도 과장과 억측, 우연의 남발이 자주 등장하였다.

2) 낭만주의 시대의 대표적인 작가들

당시의 가장 유명했던 낭만극으로는 프랑스 극작가 위고의 〈에르나니〉(1830)를 꼽을 수 있다. 〈에르나니〉는 신고전주의의 본거지 코메디 프랑세즈에서 초연되었는데, 이 당시 프랑스 작가 중에는 자신의 작품에 호응을 유도하는 일명 박수부대를 고용하는 사람들이 있었다. 이에 위고는 자신의 작품이 상연될 때, 경쟁 작가들이 고용한 박수부대의 방해가 있을 것을 예견하고 미리 여러 명의 동지를 객석에 앉혔다. 아니나 다를까 공연에서는 고전주의 지지자들의 야유와 낭만주의 지지자들의 환호가 엇갈리며 고성과 충돌이 오갔다. 이것이 일명 '에르나니 논쟁'이다. 이 논쟁 이후 낭만주의는 프랑스 문단에서 자신의 위치를 견고히 할 수 있었다. 그러나 개인적으로 위고를 세계적인 문호의 반열에 올려놓은 것은 소설 『노트르담의 꼽추』(1831)와 『레 미제라블』(1862)일 것

빅토르 위고

이다.

이 밖에도 프랑스 낭만주의를 대표하는 작가로는 알렉상드르 뒤마(Alexandre Dumas, 1802~70)와 알프레드 드 뮈세(Alfred de Musset, 1810~57)가 있다. 뒤마는 희곡 〈앙리 3세와 그의 궁정〉(1829), 소설『삼총사』(1844), 『몽테크리스토 백작』(1845)을 썼으며, 뮈세는 〈마리안느의 변덕〉(1833), 〈사랑은 장난이 아니야〉(1834), 〈로렌자초〉(1834) 등으로 프랑스 낭만주의를 이끌었다.

독일의 낭만주의는 괴테와 실러로 대표된다고 할 수 있다. 괴테의 〈파우스트〉는 1772년 괴테의 나이 스물네 살에 〈흐린 날 들판〉이라는 산문에서 '파우스트'를 처음 언급하며 시작된다. 이후 스물일곱 살에 〈파우스트〉(1775) 초고를 발표한 이래 〈단편 파우스트〉(1790), 〈파우스트〉 제1부(1808), 〈파우스트〉 제2부(1832)를 완성하였다. 괴테가 죽기 직전까지 장장 60년에 걸쳐 단계적으로 완성한 독일 문학 최고의 걸작으로 평가된다.

괴테와의 특별한 우정으로 유명한 실러의 희곡으로는 그가 스물두 살에 발표한 〈군도〉(1781)를 비롯해 〈간계와 사랑〉(1784), 〈발렌슈타인〉 3부작(1799), 〈마리아 슈투아르트〉(1800), 〈오를레앙의 처녀〉(1801), 〈빌헬름 텔〉(1804) 등이 있다. 그러나 안타깝게도 마흔네 살에 사망하였으며 괴테는 실러의 죽음으로 한동안 실의에 빠져 있었다. 그리고 독일 희극의 최고 걸작이라고 평가받는 〈깨어진 항아리〉(1804)와 〈암피트리온〉(1807)으로 명성을 얻은 하인리히 폰 클라이스트(Heinrich Wilhelm von Kleist, 1777~1811)와 동화극 〈장화 신은 고양이〉(1797)로 유명한 루드비히 티크(Johann Ludwig Tieck, 1773~1853)가 있다.

낭만주의 시대에 활동하였으나 낭만주의적인 경향에서 비켜나 있는 극작가 게오르크 뷔히너(Karl Georg Büchner, 1813~37)가 있다. 뷔히너는 스물네 살에 요절하였으며 그가 남긴 작품은 희곡 〈당통의 죽음〉(1835), 〈레옹스와 레나〉(1836), 〈보이체크〉(1836) 그리고 소설『렌츠』가 전부이다. 하지만 그의 작품들이 후대에 일으킨 파문은 실로 엄청나다. 그의 작품들은 당대보다 후대에 더 큰 영향력을 미쳤는데, 그 이유는 위의 낭만주의 극작가들보다 훨씬 급진적이고 난해해서 표현주의나 부조리극 성향을 보였기 때문이다. 그의 작품들은 문학의 예술성을 담보하던 완결된 문체와 꽉 짜진 구성을 버리고 열린 형식을 택했다. 특히 〈보이체크〉는 그의 마지막 작품이면서 미완성 희곡이지만 뷔히너 특유의 열린 형식으로 인해 후대의 창작자마다 새로운 해석을 덧붙여 지금까지도 독일 작품 가운데 가장 많이 공연되는 희곡 중 하나가 되었다.

3) 멜로드라마(melodrama)

멜로드라마는 19세기 프랑스에서 대중성을 획득한 극형식이다. 이용어는 그리스어 '멜로(melo, 노래)'와 '드라마(drama, 연극)'가 결합하여 '노래극' 또는 '음악극'의 의미를 지녔었다. 하지만 여기에서 '노래'나 '음악'은 극의 분위기를 고조시키는 배경음악을 뜻하는 것일 뿐, 그것이 주요 요소는 아니다. 배경음악으로서 멜로드라마적 요소는 18세기에 대중의 사랑을 받던 감상희극, 드람, 무언극 속에서 연극의 분위기를 한층 고조시키는 방향으로 발전한다. 이후 19세기경 배경음악이 강화된 대중극과 감상적인 정의감 그리고 오락성이 가미된 이야기적 요소가 결합하면서 멜로드라마는 하나의 뚜렷한 형식으로 재탄생한다.

그러나 사실 시대를 막론하고 연극에 멜로드라마적인 요소가 없었던 시기는 찾아보기 힘들다. 오히려 멜로드라마의 성공사례를 모두 열거하기 어려울 정도로 어느 시대에나 조금씩은 멜로드라마적 요소들이 포함되어 있었다. 따라서 그 기본유형은 나라나 시대를 막론하고 거의 유사한 형태를 보인다.

오늘날 우리가 이해하는 멜로드라마는 일상적 남녀 간의 달콤한 사랑 얘기나 연애담 정도로 의미가 축소되어 있다. 하지만 원래의 의미는 그보다 훨씬 폭넓게 이해되어야 한다.

첫째, 인과응보 또는 권선징악을 주제로 하는 엄격한 도덕성이다. 세상은 분명한 선과 악으로 분리된 가운데 선한 사람이 악한 사람에게 억울한 핍박을 받게 되고 그에 따른 곤경은 보는 사람의 분노와 연민을 불러일으킨다. 하지만 아무리 강한 악당이 등장하더라도 결국은 선이 승리하게 되는 공식이며 악은 그에 따른 분명한 대가를 치른다.

둘째, 단순한 구도이다. 멜로드라마의 악당은 대개 자기가 하는 행위에 대한 필연적인 인과를 내세우지 않은 채, 정직한 주인공과 대립하는 단순한 윤곽이다. 그 이유는 구도가 복잡하면 선악의 구별이 모호해지기 때문이다. 이야기의 대체적인 주제는 악당의 위협과 폭력으로부터 초인적인 힘을 발휘하여 그 시련을 이겨내는 주인공의 성공담이다. 이 과정에서 관객들은 주인공의 시련에 감정적으로 동화되는 경험을 하게 된다.

셋째, 유형화된 고정 인물들의 등장이다. 일단 멜로드라마의 주인공은 심리적으로나 도덕적으로 연기에 큰 변화가 없다. 여기에 악당 또한 유형화된 나쁜 사람이다. 그러므로 극의 흥미는 악당이 일으키는 사건과 그 고난을 헤쳐나가는 주인공의 눈물겨운 사투에 있다. 이때 역시 주인공의 주변에 등장하는 유형화된 인물들이 주인공의 사건 해결에

도움을 준다. 대개는 주인공의 여자친구(혹은 남자친구), 직장 동료, 학창 시절 단짝 친구 또는 주인공과 반대되는 캐릭터의 희극적 인물이 등장한다. 재밌는 점은 어디에서나 이들의 성격 창조와 행동이 놀랍도록 일관성을 유지하고 있다는 사실이다.

넷째, 예기치 못한 반전과 우연의 일치가 극을 이끌어간다. 주인공은 죽음의 문턱에서 살아 돌아오고 수치스러운 상황에서 명예가 회복되며 갑작스러운 신분 상승으로 부자가 되기도 한다. 일명 출생의 비밀 같은 숨겨진 사실들이 드러나는 것이다.

다섯째, 멜로드라마의 대사들은 내면의 심리적 동기들을 단순하고 직접적인 대사들로 처리한다. 등장인물의 말이 단순할 때 관객에게 주는 정서적 자극 또한 강하게 나타나기 때문이다. 멜로드라마에도 비극적 요소가 있기는 하지만 비극에서와 같은 은유적인 대사들은 선악의 구별을 모호하게 하여 관객에게 혼란만 줄 뿐이다. 따라서 주인공이든 악당이든 이들이 하는 대화들은 이미 자신의 타고난 성품을 미리 잘 알고 있기나 한 듯, 한 가지의 성격 창조로 일관한다.

멜로드라마 형식이 19세기 대중극 형식과 연계되어 이야기되고는 있지만, 오늘날의 영화나 TV 드라마들이 대부분 이 형식을 차용하고 있다는 사실 또한 분명하다. 영화에서 〈스타워즈〉 시리즈, 〈인디아나 존스〉 시리즈, 〈반지의 제왕〉 시리즈 등이 바로 시각화된 멜로드라마로서 현대과학의 힘으로 이루어낸 스펙터클한 장면으로 관객들의 흥미를 끌었다. 그 밖에도 가정사를 다룬 멜로드라마는 TV 연속극으로, 개척 멜로드라마는 서부극으로, 범죄 멜로드라마는 탐정물이나 수사극으로 변모했다.

하지만 1960년대 선과 악에 대한 이분법적 가치관이 더는 사실성에 별다른 영향을 주지 않게 되면서 전통적 규범을 벗어난 멜로드라마가 생겨나기도 했다. 〈대부〉에서는 악당이 영웅으로 묘사되기도 하고 〈용서받지 못한 자〉 역시 서부극의 장르적 관습과도 같은 선악의 이분법적 캐릭터를 해체하고 때에 따라서 선을 대신해주는 악이 주인공으로 등장한다. 그러나 아직도 시대를 초월하여 관객들의 흥미를 끄는 멜로드라마적 요소에는 전통적 가치관이 반영되고 있다.

제10장

19세기 중반(1870년대)의 사실주의 연극

1. 시대적 배경

19세기의 비약적인 기술 발전과 새로운 사상들은 지금까지도 계속되고 있으며, 우리의 생활양식을 큰 폭으로 바꾸어가고 있다. 이는 18세기 중반 산업화, 공업화의 물결로부터 시작하여 마치 폭주하는 기관차처럼 인류 문명의 중심을 가로질렀다. 그러나 이러한 산업화가 가져온 풍요는 제조 노동자 수의 증가와 도시 인구의 급격한 팽창을 불러왔고, 이로 인한 도시 과밀화는 여러 가지 사회문제를 초래하게 된다. 산업화는 자본의 지배를 공식화하였고 사회의 지배 세력이 부르주아 계층임을 확인시켰다. 그러나 다른 한편에서 노동자들이 느끼는 사회의 불합리와 모순은 새로운 계층 갈등으로 이어졌다. 산업화는 계속해서 새로운 기술을 필요로 했으며 '과학기술의 진보'라는 이름으로 발명품들을 쏟아냈다. 산업화는 페달을 멈추면 쓰러지는 자전거처럼 계속해서 페달을 밟아야만 하는 운명의 수레바퀴가 되었다.

1876년 미국의 알렉산더 그레이엄 벨(Alexander Graham Bell, 1847~1922)

은 현재와 같은 안정화된 모델의 전화기를 고안해냈으며, 1879년에는 토머스 에디슨(Thomas Edison, 1847~1931)이 전구를 상용화했다. 1840년 대에는 사진기가 등장하였고 1880년대에는 독일의 칼 벤츠와 고틀리프 다임러가 비슷한 시기에 최초의 내연기관 자동차를 만들었다. 1890년 대에는 프랑스의 뤼미에르 형제에 의해 영사기가 발명되어 우리의 일상에 일대 변혁을 몰고 왔다.

지식과 사상적 변화의 측면에서는 앞서 살펴본 찰스 다윈, 칼 마르크스 외에도 오스트리아의 정신과 의사이며 심리학자 지크문트 프로이트(Sigmund Freud, 1856~1939), 독일의 물리학자인 알베르트 아인슈타인(Albert Einstein, 1879~1955), 프리드리히 니체(Friedrich Nietzsche, 1844~1900) 등에 의해서 서구의 전통적 가치 규범을 뒤집는 지적 변화가 일어났다.

프로이트는 인간의 무의식적 갈등과 억압의 방어기제들이 인간 정서에 영향을 줄 수 있다고 생각하여 이를 바탕으로 환자와 정신분석자의 대화를 통한 정신분석학적 임상 치료 방식을 창안한다. 그리고 아인슈타인은 상대성이론에서 그 당시 사람들이 절대적이고 불변한다고 여겼던 시간과 공간의 절대성을 깨뜨리며 새로운 인식의 전환을 불러왔다. 또한 독일의 철학자 니체는 이전까지 인간이 만들어낸 최고의 가치였던 종교에서 '신'의 죽음(신은 죽었다)을 선언함으로써, 서구의 관념론과 기독교적 세계관을 뒤집는 급진적 사상을 전개하였다. 신의 죽음으로 인간은 비로소 자유로울 수 있으며, 신의 부재에서 비롯된 불안과 허무를 극복하고 새로운 가치를 창조할 '힘의 의지'가 또한 인간에게 있음을 주장하는 것이다. 힘의 의지는 인간 자신의 주인 됨과 불안을 극복함으로써 창조하는 인간 유형, 즉 초인(Übermensch) 사상을 말한다. 니체가 20세기 정신사에 끼친 영향은 실로 엄청나서 철학뿐만 아니라 정치, 사회, 신학, 건축, 문학을 비롯한 전 예술 분야에서 그가 나타나지 않는 곳이 없다고 할 정도로 전 영역에 영향을 미쳤다.

2. 사실주의란 무엇인가?

사실주의란 넓은 범주에서 현실을 있는 그대로 묘사, 재현하려는 창작 태도나 행위를 총칭하는 용어이다. 이 용어는 "1826년 프랑스의『메르퀴르 프랑세 뒤 디즈뇌비엠 시에클(Mercure française du XIXe siècle)』이라는 학술지에서 자연과 현실을 사실 그대로 정확하게 묘사하는 예술적 원칙을 설명하면서 '리얼리즘(réalisme)'이란 용어를 사용한 데서 유래한다."[1] 하지만 아쉽게도 사실주의가 처음 사용된 곳은 연극이 아니라 프랑스의 미술과 문학이다. 프랑스의 화가 구스타브 쿠르베(Gustave Courbet, 1819~1877)는 천사를 그려달라는 주문에 "나는 천사를 실제로 본 적이 없어서 그릴 수 없다"라고 거절한 일화를 남길 정도로 관념적인 화풍을 배격하고 최대한 사실적이고 객관적인 화풍을 유지했다. 그가 그린 〈돌 깨는 사람들〉(1849)은 사실주의 화풍이 잘 드러난 작품으로 유명하다. 역시 프랑스의 사실주의 작가 플로베르(Gustave Flaubert, 1821~1880)는 개인 심리와 사회 행동에 대한 객관적 관찰을 통해 정확한 묘사를 강조했다. 그가 쓴『보바리 부인』(1857)은 당시 부르주아의 생활상을 너무 사실적으로 묘사해 사회 풍속을 저해하였다는 이유로 고발되기도

---

[1] 윤영범,『사진, 회화, 그래픽디자인의 이미지 구성과 데포르마시옹』, 커뮤니케이션북스, 2015, 139쪽.

했다.

이처럼 사실주의자들이 중시했던 것은 현실지향으로 인간은 사회적 존재로서 현실 속의 모습을 객관적으로 정확하게 재현해야 한다는 믿음을 갖고 있었다. 이와 같은 사실주의 운동은 과학적 진보를 바탕으로 합리적 구성과 논리적 전개에 근거를 두고 있다. 이 같은 근거에 이론적 배경을 제공한 것은 프랑스의 철학자 오귀스트 콩트(Auguste Comte, 1798~1857)의 실증주의로 우리 눈에 보이는 가시적인 사건들은 과학적 논증에 따라 이루어져야 하며 그 원인과 결과 또한 명확한 인과관계가 설명되어야 한다고 하였다. 이 밖에도 다윈, 프로이트, 마르크스의 이론 등이 사실주의 운동에 영향을 주었다. 그리고 지나친 상상력과 과도한 감정표현을 배격하던 반(反)낭만주의 운동과 현실을 그대로 복제할 수 있는 사진술의 발달 등이 사실주의를 더욱 부채질했다.

3. 사실주의 연극의 특징

연극의 역사에서는 보통 사실주의 연극이 시작되는 시점을 현대 연극의 시작이라고 이야기한다. 그런데 여기서 주목해야 할 것은 사실주의가 시작되고 난 다음, 즉 19세기 말부터 20세기 초에 사실주의에 대항하는 새로운 연극운동(아방가르드 연극운동)이 일어난다는 사실이다. 이 새로운 연극운동은 여러 개의 연극 사조들을 등장시키며 사실주의와 경쟁하게 된다. 한마디로 20세기 초의 연극 양상은 다소 복잡하고 다양하게 흘러간다고 하겠다. 그래서 우리는 이 시기를 '사실주의와 반사실주의가 대립'하는 시기라고 표현한다. 그렇게 본다면 20세기 초는 반사실주의와 사실주의가 연극적 다양성 안에서 자신의 힘을 과시하던 시기였음을 상기할 필요가 있다. 이 말을 다르게 표현한다면 그만큼 사실주의의 힘이 다른 어떤 사조보다도 강력했으며 대중들이 선호하는 연극 양식이었다고 할 수 있겠다.

다만 주의해서 보아야 할 점은 20세기 내내 사실주의가 반사실주의의 도전을 받는 가운데서도 사실주의의 기본 정신을 잃지 않고 그 경향을 지금까지도 유지하고 있다는 것이다. 그 비결은 사실주의가 새로운 연극 경향을 배격하지 않고 탄력적으로 수용함으로써 끊임없이 자신의 변신을 꾀하여 왔다는 사실이다. 이것은 다시 말해, 지금의 사실주의 연극이 20세기 사실주의 연극과 똑같은 의미로 해석될 수 없음을 가리킨다.

초기의 사실주의 연극이 고전주의, 낭만주의 연극들과 구별되는 특징들을 간추려보면 다음과 같다.

① 대사가 운문체에서 산문체로 변화하는 경향이 나타난다.
② 희곡의 지문이 많아지고 무대 묘사나 무대 지시가 구체화한다.
③ 현대적 의미로서의 연출가 역할이 생겨난다.
④ 주인공은 고전적 영웅이나 귀족계층이 아닌 평범한 소시민(일반인)으로 대체된다. 특히, 주인공의 성격이 극이 진행되어감에 따라 복합적으로 변해가는데, 이는 연기에 있어서 주인공의 섬세한 심리묘사가 중요해지는 연기양식의 변화로도 이어진다.
⑤ 고전주의나 낭만주의에서 보이는 과장이나 우연적 사건이 아니라 인과관계가 분명한 논리적 전개가 중요해진다.
⑥ 사실성을 높일 수 있는 무대 장치들이 고안된다.

⑦ 시민들은 연극에서 사용하던 소재와 주제를 이용해 소통의 장을 열게 된다.

이와 같은 초기 사실주의 연극의 특징들은 20세기 이후의 사실주의 연극에서도 일부 찾아볼 수 있다. 그러나 앞에서 설명한 특징들만으로 지금의 사실주의 연극까지 충분히 설명되었다고는 볼 수 없다. 왜냐하면 사실주의 연극에서 '사실'이란 용어를 수용하는 범위가 사실주의 초기인 19세기 중반 이후 계속해서 수정되며 그 이해의 폭을 확장해왔기 때문이다. 그렇다면 현재의 사실주의에서 '사실', 즉 '리얼(real)'에 대한 수용 범위는 어디까지이며 어떻게 이해하고 받아들여야 할까?

① 아무리 일상적인 환경을 재현한다고 하더라도 근본적으로 무대장치까지 사실이 될 수는 없으며, 연극이 제4의 벽을 인정하는 한 근본적인 비사실성 역시 인정할 수밖에 없다.

② 대사나 행위에 있어서 배우가 소시민의 삶을 아무리 사실적으로 연기한다고 하더라도 그것이 가상의 인물임을 숨길 수는 없다. 이때 배우가 묘사하는 인물은 현실보다 다소는 과장이 동반되고 때로는 현실보다 더 고귀한 존재로 묘사될 가능성이 크다. 따라서 등장인물의 대사나 행위는 일상적 환경의 그것과 분명한 차이가 있음을 인정해야 한다.

③ 사실주의 연극의 대화나 구성이 우리의 실제 생활과 닮아있기는 하지만 연극 위의 '사실'이란 창작자가 중요하다고 생각하는 사건을 압축해놓은 실제이다. 따라서 사실주의 연극이 주장하는 인과 관계의 논리적 전개는 현실의 말이나 행위보다 훨씬 더 촘촘하게 짜이고 현실에서의 우연성이나 비예측성이 원천적으로 차단된 상태이다.

④ 행위자의 처지에서 보면 연극은 관객을 선택할 수 없다. 다시 말하면, 관객의 개인적인 경험이나 지식의 정도에 따라서 사실주의가 주장하는 사실적 요건들이 비사실적인 것으로 거부될 수 있다는 것이다. 이때 현대의 사실주의 관객들에게 요구되는 사항은 연극의 등장인물이나 사건들이 믿기 어려운 것으로 보일 때, 그것을 무작정 비사실적인 것으로 치부하지 않는 태도를 보임으로써 일상과 연극적 사실을 구분할 필요가 있다.

연극적 리얼을 현재의 사실로 생각하는 밑바탕에는 사실주의 연극이 실재를 그대로 재현하거나 모사하는 것이라는 생각에서 비롯된다. 이것은 연극의 특성을 고려하지 않고 영화나 TV 드라마에서처럼 연극도 현실과 다름없는 실제적 모사가 가능할 것이라는 기대감 때문이다. 그러나 연극이 묘사할 수 있는 시각적 한계는 영상을 뛰어넘기 어렵다. 그렇지만 영상이 보여주는 리얼한 상황 또한 매체적 특성에 따른 선택적 재현이며 선택된 일면을 확대 심화시켜 보여줄 뿐이라는 것이다. 그리고 그 선택된 일면이란 것이 누군가에 의해 선택되는 순간 완전히 객관적 사실일 수 없다는 것 또한 분명하다. 오히려 일부의 정확한 사실 묘사가 현실에서는 더 크게 부풀려져 해석될 수 있음을 인식해야 한다.

이처럼 사실주의 연극에 대한 이해의 범주가 조금씩 변화하게 된 것은 위에서도 설명한 것처럼, 20세기 초 새로운 사조들의 등장을 사실주의가 배타적으로 수용하지 않고 포용함으로써 끊임없이 자신의 변신을 꾀한 결과이다. 그 결과 현대의 사실주의 연극은 사실상 '지금', '여기'에서 환영받을 수 있는 창작만의 독특한 '사실(real)'을 찾아가는 여정이라고 할 수 있다.

4. 사실주의 연극을 대표하는 작가

1) 헨리크 입센(Henrik Ibsen, 1828~1906)

입센은 노르웨이 태생의 극작가다. 그가 발표한 몇 개의 주요 희곡들은 그를 근대 사실주의극의 창시자로 지칭한다. 그러나 그의 문학은 젊은 시절에는 낭만주의적 운문 희곡들을 썼고 사실주의극을 쓰면서는 문체를 산문으로 바꾸었다. 그리고 말년에 가서는 상징주의를 실험하기도 한 작가이다. 입센의 사실주의 희곡은 방백과 독백을 폐기하였고 모든 도입부에 동기를 부여하였다. 모든 장면은 인과관계로 연결될 수 있도록 플롯을 짰고 그것이 결말에 와서는 논리적 연결이 가능하도록 작품을 구성하였다.

1850년에 첫 희곡 〈카틸리나(Catilina)〉를 썼고, 같은 해에 역사극 〈전사의 무덤〉이 그의 작품 가운데 처음으로 공연되었다. 그의 초기작들은 낭만적인 운문 희곡으로 〈에스트로트의 잉겔 부인〉(1855), 〈위선자들〉(1863), 〈브란트〉(1866), 〈페르 귄트〉(1867) 등이 있다. 그러다가 〈사회의 기둥〉(1877)을 시작으로 입센의 사실주의 대표작들이 연이어 발표된다. 〈인형의 집〉(1879), 〈유령〉(1881), 〈민중의 적〉(1882), 〈들오리〉(1884), 〈로스메르 저택〉(1886), 〈바다에서 온 여인〉(1888), 〈헤다 가블러〉(1891) 등을 발표하며 개인의 해방과 사회의 부조리를 고발하는 현대사회극에 몰두한다. 입센은 말년에 사실주의 안에 상징주의를 가미한 쪽으로 옮겨갔는데 〈건축가 솔네스〉(1892), 〈보르크만〉(1896), 〈우리들 죽은 사람이 눈뜰 때〉(1899) 등을 남겼다.

입센은 사실주의극을 발표하면서 유럽에서 가장 유망한 극작가이자 연출가로 이름을 날렸으며, 이후 현대 연극에서 입센의 극작법은 여러 사실주의 작가들의 모범적 형식이 되었다. 그는 죽는 순간까지 낡은 시대와 결별하고 새로운 연극 창작에 골몰하였지만, 말년에 찾아온 병마로 집필을 이어갈 수 없었다. 그의 장례는 국장으로 치러졌다. 이것은 입센이 노르웨이를 대표하는 극작가로서 현대 사실주의극에 끼친 공헌을 짐작할 수 있는 대목이다.

2) 안톤 체호프(Anton Pavlovich Chekhov, 1860~1904)

러시아의 극작가이며 소설가였고 의사였다. 체호프는 의대 재학 시절 이미 유명한 소설가로서 단편소설 여러 편을 썼다. 의대를 졸업하고 난 다음에도 글을 쓰는 작업에 집중하느라 제대로 병원을 개업하지는 못했다.

1887년에 쓴 〈이바노프〉가 모스크바에서 공연되며 극작가로서의 가능성을 인정받았다. 이 무렵에 쓴 단막극 〈곰〉(1888)과 〈청혼〉(1889) 역시 성공을 거두었다. 체호프의 대표작들은 그의 극작 후기에 주로 쓰였다. 〈갈매기〉(1896), 〈바냐 아저씨〉(1899), 〈세 자매〉(1901), 〈벚꽃 동산〉(1903)이 모두 이 시기에 쓰였다. 〈갈매기〉의 초연은 완전히 실패

〈갈매기〉를 읽고 있는 모스크바 국립극장 단원들과 안톤 체호프(1899)

하였으나 2년 후에 모스크바 예술극장에서 재공연되며 성공을 거둔다. 그의 대표작들은 모두 스타니슬랍스키의 연출로 모스크바 예술극장에서 공연되었다. 공연 당시 체호프는 자신이 희곡 안에서 의도한 희극적 요소들을 스타니슬랍스키가 제대로 살리지 못했다고 말했지만, 어쨌든 그의 작품들은 모스크바에서 큰 성공을 거두었다. 특히 〈벚꽃 동산〉은 그가 죽던 1904년에 초연되어 마지막 작품의 공연을 볼 수 있었다. 체호프는 스물세 살 때 걸린 폐결핵으로 1904년 44년간의 삶을 마감한다.

체호프는 살아생전에도 여러 차례 자신의 희곡을 희극이라고 말했으며, 어떤 면에서는 익살극이라고도 주장했다. 이는 현대 희비극의 완벽한 모델로 이해될 수 있다. 현대의 희비극은 희극적 요소와 비극적 요소가 분리되지 않고 뒤섞여 나타난다. 그것은 씁쓸하면서도 달콤하다. 요즘 말로 웃픈 상황이다. 체호프의 희곡에서 희극과 비극이 뒤섞이는 지점은 등장인물들이 자신의 숨겨진 욕망을 실현할 능력이 없으면서도 그것을 인정하지 않고 허세를 부리는 순간이다. 예를 들어, 〈벚꽃 동산〉에서 귀족이자 벚꽃 동산의 주인 라네브스카야 부인은 벚꽃 동산이 딸린 아름다운 시골집을 농노의 아들인 로파힌에게 넘겨줄 처지에 놓인다. 그런데 마침 그녀의 수양딸인 바랴와 로파힌이 사랑에 빠지고 둘은 결혼할 것처럼 보인다. 만약 두 사람이 결혼한다면 벚꽃 동산은 그녀 가족의 소유로 남게 될지도 모른다. 마지막 4막에서 로파힌과 바랴는 단둘이 남게 되고 로파힌은 청혼을 할 수 있게 된다. 그러나 바랴가 자기의 짐을 만지작거리는 동안 로파힌은 짐짓 딴청을 부리며 날씨 얘기만 지껄인다. 그렇게 서로의 감정을 에둘러 숨기며 딴소리만 지껄이는 두 사람의 모습은 웃픈 코미디가 된다. 우리는 연극이 끝나고 나서야 그것이 벚꽃 동산을 구할 마지막 기회였음을 알게 된다.

3) 막심 고리키(Maxim Gorky, 1868~1936)

러시아의 소설가이자 극작가로 사회주의 리얼리즘 문학을 창조한 사람으로 불린다. 어려서부터 가난한 가정환경 탓에 제대로 된 정규교육을 받지 못하고 자랐다. 수많은 직업을 전전하였고 방랑자들과 떠돌이 생활을 하며 성장하였다.

1892년 스물네 살 때 첫 단편소설 「마카르 추드라」를 발표하였고 1895년에 단편소설 「첼카슈」로 주목받기 시작하였다. 그러나 고리키의 대표작이라고 한다면 희곡 〈밑바닥에서〉(1902)와 장편소설 『어머니』(1907)라고 할 수 있다. 〈밑바닥에서〉는 밑바닥 인생을 살아가는 하층민들의 현실과 러시아 사회의 부정과 모순을 그렸으며 1904년 스타니슬랍스키 연출로 모스크바 예술극장에서 공연하여 대성공을 거두었다. 그 밖에 〈별장의 사람들〉(1904), 〈태양의 아들〉(1905), 〈야만인〉(1906), 〈적(敵)〉(1906) 등의 희곡이 있지만 〈밑바닥에서〉만큼 시선을 끌진 못했다.

생전에 체호프, 톨스토이와도 친분이 있었는데, 세 사람은 단순한 교류를 넘어 서로의 문학과 인격을 존중하는 문학적 동지로 우정을 나누었다. 그러다가 1936년 젊은 시절의 자살 시도 후유증인 폐 질환으로 사망하였다.

4) 조지 버나드 쇼(George Bernard Shaw, 1856~1950)

아일랜드 태생의 극작가 겸 소설가다. 셰익스피어 이래 가장 위대한 영국 극작가로 꼽히며 영국 현대극 확립에 이바지했다. 그는 극작가뿐만 아니라 비평가로도 유명해서 1885년부터 1898년까지 신문, 잡지 등에 음악, 미술, 연극, 문학에 관한 비평을 실었다.

그가 쓴 최초의 희곡 〈홀아비의 집〉(1892)이 런던 로열티 극장에서 공연되었으며, 〈워런 부인의 직업〉(1893), 〈무기와 인간〉(1894), 〈캔디다〉(1894) 등을 발표하며 극작가의 지위를 굳혔다. 이후 〈운명의 사람〉(1895), 〈악마의 제자〉(1897), 〈시저와 클레오파트라〉(1898), 〈인간과 초인〉(1903) 등으로 세계적인 작가가 된다. 특히 〈인간과 초인〉은 그의 최고 걸작 중 하나로 꼽힌다. 그 밖에도 〈피그말리온〉(1913), 〈성녀 조앤〉(1923) 등이 있다.

쇼의 작품들은 풍자적이고 기지 넘치는 유쾌한 희극들이 많은데, 이는 쇼를 감상적인 오락작가로 폄훼하는 이유가 되기도 한다. 그러나 이것은 쇼가 비평가 시절 보인 직설적이면서도 풍자적인 어투가 영향을 미쳤기 때문으로 보인다. 그는 엄청난 독설가로서뿐만 아니라 풍자와 비유, 위트가 넘치는 어록 제조기로도 유명했다. '우물쭈물하다 내 이럴 줄 알았지'라는 그의 묘비명은 세계에서 가장 유명한 묘비명 중 하나이기도 하다. 이처럼 쇼의 작품들이 가진 독자적인 희극성을 이해하기 위해서는 그의 신랄한 풍자에 담긴 아이러니를 이해하는 것이 중요하다.

5) 아우구스트 스트린드베리(August Strindberg, 1849~1912)

스웨덴의 극작가이자 소설가이다. 그는 철이 들고 나서 과거 어머니의 직업이 호스티스와 부유층의 하녀였다는 사실을 알게 된다. 그 이후 스트린드베리는 자신을 '하녀의 아들'이라 칭하며 하층계급의 피를 물려받았다는 사실을 평생 마음속에 품고 살았다.

스트린드베리는 스웨덴의 종교개혁을 소재로 첫 번째 희곡 〈울로프 선생〉(1872)을 발표했다. 그러나 민감한 종교 문제로 스웨덴 왕립극장에서 공연을 거절당했고, 곧 실의에 빠진다. 하지만 그는 〈울로프 선생〉의 개작에 몰두하여 후세에 스웨덴 최초의 현대극으로 인정받게 된다. 이 일로 스트린드베리의 냉소와 비관주의는 작품 전반에 걸쳐 더욱 짙게 나타난다. 그는 계속해서 〈행운아 페터의 여행〉(1881)과 당대 스웨덴의 사회상을 빈틈없이 풍자한 〈새 왕국〉(1882)을 발표했다. 그 밖의 사실주의 희곡으로 〈아버지〉(1887), 〈미스 줄리〉(1888), 〈채권자들〉(1888)이 있다.

스트린드베리는 말년에 입센과 비슷하게 반사실주의 경향의 작품에 몰두하였는데 〈다마스쿠스로(1부, 2부)〉(1898), 〈죽음의 무도(1부, 2부)〉(1901), 〈꿈의 연극〉(1902), 〈유령 소나타〉(1907) 등은 독일 표현주의 연극과 부조리(不條理)극에 영향을 주었다. 1909년 자신의 삶을 상징화한 마지막 희곡 〈머나먼 길〉(1909)을 발표하였다.

6) 유진 오닐(Eugene O'Neill, 1888~1953)

미국의 희곡작가로 미국 연극에 처음으로 사실주의 기법을 도입한 것으로 알려져 있다. 그의 극작은 생전에 스트린드베리의 극작술에서 영향을 받았다고 고백했을 정도로 사실주의뿐만 아니라 다양한 표현 양식을 실험했던 극작가이다. 1916년 첫 작품 〈카디프를 향하여 동쪽으로〉를 발표하였으며, 1920년 〈지평선 저 멀리〉를 브로드웨이에서 공연하며 세상에 이름을 알렸다.

대표작으로 〈안나 크리스티〉(1921), 〈느릅나무 아래의 욕망〉(1924), 표현주의 계열의 〈황제 존스〉(1920), 〈털북숭이 원숭이〉(1922), 그리스 비극의 운명적 서사를 현대적 시각으로 옮겨놓은 〈상복이 어울리는 엘렉트라〉(1931) 3부작을 발표하였다. 오닐은 말년에 가서 파킨슨 판정을 받고 손이 굳어가는 와중에도 〈얼음 장수 오다〉(1939), 〈밤으로의 긴 여로〉(1941) 〈휴이〉(1942) 등을 완성했다. 그 가운데 〈밤으로의 긴 여로〉는 오닐의 자전적 이야기로 그의 아들 오닐 2세가 지나치게 적나라한 오닐의 가족사를 다루고 있다는 이유로 오닐의 사후 25년간 발표하지 말 것을 당부했다. 그러나 이 작품은 1956년 오닐이 죽은 3년 뒤에 공연되었다. 그 이유는 아들 오닐 2세가 그 이전에 자살로 삶을 마감하여 오닐 2세의 당부가 효력을 잃었기 때문이다. 유진 오닐은 급성 패혈증으로 보스턴의 한 호텔에서 사망하였다.

7) 테네시 윌리엄스(Tennessee Williams, 1911~83)와 아서 밀러 (Arthur Miller, 1915~2005)

윌리엄스는 전후(1, 2차 세계대전) 미국의 현대 희곡을 대표하는 작가로 인정받고 있다. 〈유리 동물원〉(1944)의 성공으로 유명해졌으며, 〈욕망이라는 이름의 전차〉(1947), 〈뜨거운 양철지붕 위의 고양이〉(1955) 등이 있다. 그는 1960년대 들어 급격히 건강이 나빠지며 글을 쓰는 데 어려움을 겪었다. 이후 1972년 〈작은 배의 위험신호〉 등을 썼지만, 과거만큼 인기를 얻지는 못했다.

테네시 윌리엄스와 함께 미국 연극계를 대표하던 작가로 아서 밀러가 있다. 미시간대학에서 연극을 전공했으며 1944년 〈행운의 사나이〉가 브로드웨이에서 공연되었고 〈나의 모든 아들들〉(1947)과 〈세일즈맨의 죽음〉(1948)이 성공하면서 극작가의 지위가 확고해졌다. 또 다른 대표작으로 〈시련〉(1953), 〈다리 위에서의 조망〉(1955) 등이 있다. 1972년 〈천지 창조와 다른 일들〉을 발표하였지만, 과거만큼 호평을 받지는 못하였다.

5. 사실주의 연기 – 스타니슬랍스키 시스템

사실주의 연극이 출현하기 이전까지의 연기는 과장되고 격한 웅변조의 연기였다. 이전까지 누구도 연기가 실제와 똑같아 보여야 한다고 생각하는 사람은 없었으며 새로운 연극의 등장과 함께 그 변화의 필요성을 절감한 예술가도 없었다. 여기에 생각의 전환을 가져온 사람이 바로 러시아의 배우이자 연출가인 스타니슬랍스키(Konstantin Sergeyevich Stanislavsky, 1863~1938)이다.

스타니슬랍스키는 1898년 극작가인 네미로비치 단첸코와 함께 모스크바 예술극장을 설립하고 톨스토이의 〈표도르 이바노비치 황제〉를 창단공연으로 올렸다. 이즈음 스타니슬랍스키가 연극에 대해서 한 말은 자못 혁명적이다.

> 우리는 과거의 연기형태, 연기자들의 타성, 거짓 열정, 그저 입만
> 가지고 하는 대사, 연기적 과장, 생각하지 않는 공연과 무대미술의
> 습관, 앙상블 연기를 망치는 스타시스템(…)을 반대한다. 혁명적인,
> 모든 것을 바꾸려는 갈망을 통해 예술의 개혁을 좇아 전체 연극계
> 에 선전포고하고자 한다. (…) 연기, 상연, 무대미술, 의상, 희곡의
> 이해와 해석 등 모든 면에 있어서 말이다.[2]

---

2 Stanislawski, K,S., *Mein Leben in der Kunst*, Berlin 1975, p.317. 남상식, 「스타니
　슬랍스키 : '체험의 연극'을 위한 연기」, 김미혜 외, 『20세기 전반기 유럽의 연출가

스타니슬랍스키와 함께 모스크바 예술극장의 목표는 분명해졌다. 그것은 현실의 재현과 연극적 진실, 그리고 연기자의 완전한 감정 이입이다. 이제 연극예술은 스타니슬랍스키에 의해 배우예술, 즉 연기예술이 되었으며, 그 연기의 바탕에는 배우의 '내적 체험'이 자리 잡게 된다.

스타니슬랍스키 시스템을 이해하기 위해서는 그가 말하는 '체험'에 대한 이해가 선행되어야 한다. "살아 있는 배우의 연기, 즉 '체험의 연기'란 배우가 역할의 내적 심리상태를 유지한 후, 무대에서도 지나가는 순간마다 순간의 시간을 자신의 일상처럼 느끼고 반응하며 삶을 살아가는 것을 말하는 것이다. 이와는 다르게, 일반적으로 '체험의 연기'는 '배우 자신이 과거에 직접 경험하고 느꼈던 내면 정서를 가지고 역할 구현의 필요한 순간에 무대에 되살리는 것', 그래서 시스템 연구의 초기에서의 경우, 배우에게 '무엇이든지 자신이 내면적으로 경험하지 않고서는 그것을 외적으로 표현하려 들지 말라'[3]는 등으로 이해되어 있다. 물론 이것은 시스템을 수행해가는 과정에서 필요한 것들이다. 그러나 궁극적으로, 스타니슬랍스키가 말하는 시스템에서의 '체험의 연기'는 이러한 단순 이해를 넘어서 포괄적인 의미를 지니고 있다."[4]

스타니슬랍스키는 후기에 와서 그동안 자신이 추구해온 배우의 내적 체험과 무대 위의 일상적 사실만으로 인간의 정신세계를 표현하는 것에 한계를 깨닫는다. 그러면서 심리(정서)와 신체(행동)가 유기적으로 연결되는 새로운 연기방법론을 제시하게 되는데, 이것이 바로 스타니슬

들』, 연극과 인간, 2001, 89쪽 재인용.

3 스타니슬라프스키, 『배우수업』, 오사량 역, 성문각, 1970, 48쪽.

4 인나 살로비에바, 『스따니슬랍스끼의 삶과 예술』, 김태훈 역, 태학사, 1999, 392쪽.

랍스키 후기에 연구된 '신체적 행동법'(The Method of physical action)이다. 신체적 행동법은 무대에 일상과 같은 자연스러움을 가장한 무대적 진실을 통해 관객에게 일루전(illusion, 幻影)을 만드는 극적 사실주의를 추구하는 것이다. 그리고 극적 사실주의를 이루기 위해서는 배우가 등장인물의 심리로 이어질 수 있는 신체 행동을 먼저 찾아내는 것이 중요하다. 이는 논리적이고 일관된 신체 행동이 일관된 정서를 가진 등장인물로 구축될 수 있다는 논리이다. 그리고 이러한 신체 행동을 찾아내기 위해서는 의도적으로 고안된 훈련법이 필요하다는 것이 스타니슬랍스키의 생각이었다.

이와 같은 일련의 생각들을 배우들의 체계적인 훈련 방법과 함께 정리한 것이 바로 '스타니슬랍스키 시스템'이다. 이 용어는 오늘날 사실주의 연기방법론의 고유명사가 되었으며, 어떤 연기이론도 그의 '시스템'에서 자유롭지 못하다. '바이오메커니즘'을 창안한 메이예르홀트(Vsevolod Emilevich Meyerhold)의 양식화되고 함축적인 움직임, '환상적 리얼리즘'을 추구한 박흐탄코프(E. Vakhtangov)의 표현주의적 기법 등이 스타니슬랍스키의 신체적 행동법을 새로운 형식에 담아낸 것들이다. 그 밖에도 '가난한 연극'을 주장한 폴란드의 그로토프스키(Jerzy Grotowski)의 경우는 스타니슬랍스키 시스템에서 배우의 신체를 강조한 연극이었고 미국의 리 스트라스버그(Lee Strasberg)의 '메소드 연기법'은 스타니슬랍스키 시스템에서 정서와 심리를 중심으로 확대 발전시킨 연기방법론이다.

6. 자연주의 연극

자연주의(naturalism)는 19세기 중반 프랑스에서 시작된 문예운동이었다. 이후 19세기 말에 연극에도 영향을 주며 자연주의 연극이 대두되기 시작한다. 그렇지만 연극에서 사실주의와 자연주의의 표현 양식을 명확히 구분하기는 쉽지 않다. 그래서 어떤 연극 사가(史家)들은 사실주의와 자연주의를 굳이 구분하지 않고 사용하기도 한다. 하지만 연극에서와는 달리 문학에서의 구분은 좀 더 뚜렷한 양상을 띤다.

자연주의 작가들은 찰스 다윈의 '생명진화론'에서 영향을 받았다. 그들의 생각에 인간의 성격이나 행동은 유전과 사회적 환경 같은 과학적 사실들에 의해 결정된다고 믿었으며, 그것은 거칠고 퇴폐적인 욕망의 솔직함으로 나타난다. 그들이 선택하는 소재는 사실주의보다 더 파격적이고 적나라해서 도덕적 타락이나 배신, 질병, 편견, 인종차별, 빈곤 등과 같은 인간의 어둡고 잔혹한 일면을 드러내는 데 주저하지 않는다.

자연주의의 대표적인 작가로는 프랑스의 소설가 에밀 졸라(Émile Zola, 1840~1902)와 플로베르를 꼽지만 넓은 의미로는 사실주의로 해석되기도 한다는 사실에 유념할 필요가 있다. 에밀 졸라의 대표작으로는 1867년 첫 소설 『테레즈 라캥』이 있고 『목로주점』(1877), 『나나』(1880), 『제르미날』(1885), 『대지』(1887) 등의 소설이 있다. 독일의 극작가 게르하르트 하우프트만(Gerhart Hauptmann, 1862~1946)은 독일 자연주의 연극의 시작을 알린 〈해 뜨기 전〉(1889)과 〈직조공들〉(1892)을 발표했고, 고리키의 〈밑바닥에서〉(1902)도 보는 시각에 따라서는 자연주의 계열의 희곡으로 이야기된다.

자연주의 연극은 무대 표현에 있어서 사실주의 연극과 큰 차이를 발견하기 어렵다. 구어체를 사용하고 세속적인 주제를 담고 있으며, 중산층이나 노동자층이 주인공으로 등장하고 역할과의 완전한 일치를 지향하는 연기적 특성에서 거의 같은 원칙들을 보인다. 다만, 현실과 동떨어진 이국적인 분위기, 환상적인 장면, 전설이나 신화 또는 무속 신앙적 모습 등은 무대에서 나타나지 않는다. 이러한 모습들은 스타일이 전혀 다른 희곡의 경우에는 자연주의 연극 형식으로 무대화되기 곤란한 분명한 한계를 지녔었다. 그러면서 자연주의 연극은 사실주의 연극에 자연스럽게 흡수된다.

7. 사실주의 시대의 독립극장들

유럽에 독립극장들이 생겨나면서 사실주의 계열의 희곡들은 무대에서 더 많은 공연 기회를 얻게 되었다. 이들 독립극장은 상업적 가치보다 문학적, 예술적 가치를 더 중요하게 여겼으며, 국가로부터 검열을 피하고 재정의 독립을 확보하기 위해 회원제로 운영하였다. 이들의 연극운동은 대부분 소극장 형태로 운영되었으며, 이 소극장에서 신진과 기성 작가들의 사실주의 연극들이 공연되었다. 대표적으로 프랑스의 자유극장, 독일 베를린에 있었던 자유무대, 영국 런던의 독립극장, 러시아의 모스크바 예술극장을 들 수 있다.

프랑스의 자유극장은 1887년 앙드레 앙투안(Andre Antoine, 1857~1943)에 의해 창설된 극장이다. 앙투안은 관객들이 일상적인 삶을 엿보고 있다는 환각이 들도록 '제4의 벽'을 제거하였고, 배우가 객석에 등을 돌리는 연기도 용인했다. 하지만 연기의 사실성을 너무 앞세운 나머지 배우

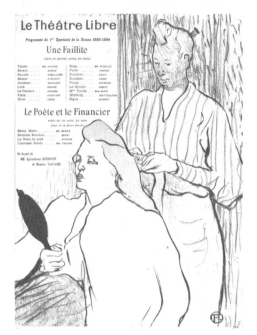

Le Théâtre Libre

Programme du 1ᵉʳ Spectacle de la Saison 1893-1894

Une Faillite

PIÈCE EN QUATRE ACTES, EN PROSE

Le Poète et le Financier

PIÈCE EN UN ACTE, EN VERS

틀루즈 로트렉이 그린 프랑스 자유극장의 프로그램(1893)

들의 목소리가 전달되지 않는 경우도 발생하였다. 그는 무대 위로 관객의 시선을 집중시키기 위해 극장의 조명을 모두 껐다. 이는 바이로이트 축제극장에서 리하르트 바그너(Richard Wagner, 1813~83)의 공연 모습을 따라 한 것으로 보인다. 자유극장은 입센의 〈유령〉, 〈들오리〉, 스트린드베리의 〈미스 줄리〉, 하우프트만의 〈직조공들〉을 공연하며 성공을 거두었다. 그러나 앙투안은 1894년 극장의 재정적 어려움을 극복하지 못하고 극장 경영에서 손을 뗀다.

베를린의 자유무대는 1889년에 세워졌으며, 역시 입센과 하우프트만이 쓴 사실주의 희곡들을 공연하였다. 영국의 독립극장은 1891년 야코프 그라인(Jacob Grein)에 의해 세워져서 6년 동안 문을 열었다. 독립극장은 영국에 사실주의 작품을 소개하는 것이 목표였으며, 버나드 쇼의 첫 번째 희곡 〈홀아비의 집〉을 공연하였다.

그러나 사실주의 연극에 가장 큰 공헌을 한 극장이라면 단연 스타니슬랍스키와 네미로비치-단첸코가 설립한 모스크바 예술극장일 것이다. 이 극장에서는 체호프의 대표작들이 모두 공연되었으며 톨스토이,

고리키와 같은 대문호의 작품들이 올려졌다. 그리고 스타니슬랍스키에 의해 사실주의 연기의 토대가 되어준 극장이다. 현재까지도 성업 중인 유일한 극장이다.

제11장

20세기 초 반사실주의(아방가르드) 연극

1. 시대적 배경

19세기 중반에 등장한 사실주의는 산업화와 기계문명의 발달로 인류의 전통적인 가치관이 붕괴하는 과정에서 서구의 문화와 예술을 지배했다고 말할 만큼 커다란 위력을 발휘했다. 그러나 한편에서는 사실주의의 기본 개념인 '있는 그대로의 객관적이고 정확한 재현'에 대한 불만이 제기되었는데, 이들은 반사실주의를 주창한 일명 '실험주의자'들이었다. 실험주의자들은 눈앞에 펼쳐진 대상도 보는 사람의 관점에 따라 언제든 달라질 수 있다는 전제를 통해 예술형식의 자율성을 지향하였다. 예술형식의 자율성은 예술이 상업화에 예속되는 자본주의의 속성을 거부하고 순수예술로서의 정체성과 독자성을 확립하는 것이었다.

그러면서 20세기 초에 실험주의자들에 의해 사실주의에서 벗어나려는 여러 종류의 비(非)사실주의 사조들이 유럽에서 등장하게 된다. 연극에서는 상징주의, 표현주의, 미래주의, 다다, 초현실주의, 서사연극, 부조리극 등이 이에 해당한다. 이들 비사실주의 연극들 가운데 몇몇은 오래가지 못했지만, 훗날 아방가르드 연극운동에서는 중요한 위치를 차지하게 된다.

20세기 초 서방 세계는 제1, 2차 세계대전과 대공황으로 불안한 시기였다. 1차 세계대전으로 약 900만 명, 2차 세계대전으로 약 2,500만 명 정도의 군인 전사자가 발생했고 민간인 사상자도 약 3,000만 명에 달하였다. 1945년 일본 히로시마와 나가사키에 미국의 원자폭탄이 투하되어 사실상의 전쟁은 막을 내렸지만, 2차 세계대전 동안 나치 독일은 '인종 청소'를 명분으로 전쟁과는 상관없는 수백만 명 이상의 유대인과 롬인(Rom, 유랑하는 집시들)을 학살하였다. 미국의 원자폭탄으로 인한 대량 인명 살상도 그러하거니와 나치의 반유대주의는 인류가 저 자신을 파멸시킬 수 있음을 증명하는 사건이었다. 2차 세계대전이 막을 내리며 19세기 동안 맹위를 떨쳤던 서구 열강의 식민지 확대도 쇠락하였고 다수의 나라가 독립국이 되었다.

20세기 초 세계 경제는 1920년대 불어닥친 물가 폭등과 경기 침체, 실업자의 증가로 전 유럽과 미국에 경제위기를 불러왔다. 1차 세계대전이 끝나고 미국은 경제 호황이었으며 유럽 역시 공업과 농업 생산성을 회복하면서 전 세계적으로 물자가 남아도는 상황이 벌어졌다. 기업은 생산을 줄이고 노동자를 해고했다. 일자리를 잃은 노동자는 소비할 돈이 없었으므로 더욱 허리띠를 졸라맬 수밖에 없었다. 이에 미국은 루스벨트 대통령의 뉴딜 정책으로 경제난을 타개하려 했다. 미국은 뉴딜 정책으로 자유방임주의에서 정부가 경제에 개입하는 수정자본주의로 서서히 경제 위기를 극복하기 시작한다. 한편 독일과 이탈리아에서는 경제 위기를 이용하여 파시스트 독재자 히틀러와 무솔리니가 등장하며 전체주의가 태동하기 시작한다. 파시스트 정부는 군수산업을 육성함으로써 고용을 늘려나간다. 그러나 군수 물자의 증가는 제2차 세계대전의 원인으로 귀결된다.

이와 같은 일련의 정치, 경제적 사건들은 연극에도 영향을 미쳤다. 연극 실험주의자들은 사실주의에 대한 반대뿐만 아니라 상업주의 연극에도 저항하였는데, 물가 상승으로 제작 비용은 증가하였고 경기 침체는 관객 수요의 감소로 이어졌다. 이에 연극 실험주의자들은 제작 비용을 줄이는 한편, 비상업주의 전략으로 새로운 출구를 모색한다. 연극 실험주의자들의 생각은 예술적 성취와 상업적 성공이 같을 수 없다고 여겼으며, 혼란스러운 세상을 드러내는 방법이 꼭 '있는 그대로의 객관적이고 정확한 재현'에 있다고도 생각하지 않았다.

이들 실험주의 연극운동을 연극사에서는 아방가르드(avant-garde) 연극운동이라고 부른다.

2. 아방가르드에 대한 이해

아방가르드는 주력부대에 앞서 전방에 침투하는 전위부대를 의미하는 프랑스의 군대용어이다. 아방가르드는 보통 전위예술(前衛)로 번역하는데, 그만큼 실험적이고 급진적이며 개혁적 성향의 예술운동이란 뜻일 것이다. 아방가르드와 유사한 문예사조로 20세기 초 모더니즘(modernism)이 있다. 이는 독일어 전위주의(avantgardismus)에 대응하는 미국식 용어로 주로 영미권에서 널리 사용되던 명칭이다. 그러나 이 말이 유럽에 퍼지기 전, 19세기 말 프랑스에는 일찍부터 상징주의(symbolism)라고 하는 명칭이 있었기 때문에 굳이 유럽에서 모더니즘이란 용어가 필요하지는 않았다. 하지만 두 문예사조가 반사실주의와 급진적이고 혁신적인 예술 모델을 추구하였다는 점에서는 차이가 없다. 또한 그 당시의 모더니즘 예술가들은 대부분 아방가르드였으므로 용어적 차이만 있을 뿐, 의미가 다르게 해석될 여지는 없다.

다만 무엇을 아방가르드, 즉 전위적이라고 할 것인가에 대해서는 추가적 설명이 필요하다. 아방가르드는 어찌 됐든 '기존 예술에 대한 저항' 의식이다. 그런데 어떤 예술이나 예술가도 계속해서 아방가르드로 남을 수는 없다. 아방가르드도 시간이 지나면 전통이 되고 제도권 예술이 되며 상업화된(혹은 상업화에 흡수될 가능성이 큰) 예술이 된다. 그리고 아무리 전위적이었던 예술도 보는 사람의 눈에 익숙해지면 그 자체로 전위적인 활력은 사라지게 되고 전위적이란 말이 어울리지 않는 상황이 오게 된다. 그래서 전위란 말은 어느 시대나 시기에 한정하여 부를 수 없는 용어적 특성도 함의하고 있음을 인식할 필요가 있다. 그렇게 본다면 예술을 진보나 발전이라는 개념으로 이해하기보다는 시대별 표현 방식의 변화로 보는 것이 좀 더 합리적인 이해라고 생각된다. 따라서 여기에서 지칭하는 아방가르드는 20세기 초의 특수한 상황을 지칭하는 고유명사로 한정하여 불리게 될 것이다.

3. 상징주의

상징주의(symbolism)는 1890년을 전후하여 프랑스에서 일어난 반사실주의 운동이다.

상징주의 연극의 특징은 "거의 플롯이 없고, 그 대신 종종 서정극의 형태를 취한다. 그래서 상징주의 드라마는 정적이고, 간접적이며, 모호하고, 종종 의례적이다. 상징주의는 표현할 수 없고 말로 나타낼 수 없는 것들을 표현하려고 시도하는데, 그러한 것들은 글로는 제시될 수 없고, 반드시 상징, 은유, 시 그리고 음악 등으로만 표현 가능한 것들이다."[1] 그들은 내면의 감정을 그림자, 상징적인 형태의 투사 등으로 나타냈다.

상징주의를 대표하는 작가와 희곡으로는 모리스 메테를링크(Maurice Maeterlinck, 1862~1949)의 〈침입자〉(1891), 〈맹인〉(1891), 〈펠레아스와 멜리상드〉(1893) 등이 있다. 그리고 초기의 사실주의에서 말년에 반사실주의 작품을 쓴 입센과 스트린트베리가 있다. 입센의 〈건축가 솔네스〉(1892), 〈보르크만〉(1896), 〈우리들 죽은 사람이 눈뜰 때〉(1899) 그리고 스트린드베리의 〈다마스쿠스로(1부, 2부)〉(1898), 〈죽음의 무도(1부, 2부)〉(1901), 〈꿈의 연극〉(1902), 〈유령 소나타〉(1907) 등이 상징주의를 담고 있다.

상징주의 연출가로는 프랑스의 연출가 오렐리앙 뤼네-포(Aurélien Lugné-Poë, 1869~1940)를 들 수 있는데, 그가 연출한 〈위비 대왕〉(1896)은 당시 부르주아의 격렬한 저항을 불러올 만큼 이슈가 되었다. 알프레드 자리(Alfred Jarry, 1873~1907)가 쓴 〈위비 대왕〉은 연극 전반부에서부터 비속어가 난무하는 가운데 종래의 연극 미학 일체를 무시하고 부조리한 현실을 직설적이고 폭력적으로 묘사하며 연극계에 반향을 불러왔다. 자리의 〈위비 대왕〉은 부조리극의 효시로까지 여겨진다. 그 밖에도 〈결박된 위비〉(1901), 〈오쟁이 진 위비〉(1944) 등이 있다.

---

1   에드윈 윌슨 · 앨빈 골드퍼브, 『세계연극사』, 김동욱 역, 퍼스트북, 2015, 483쪽.

4. 표현주의

표현주의(Expressionism)는 1905년 무렵 독일에서 시작되었다. 이들의
주요 관심사는 외적으로 드러난 물질세계보다 인간 심연의 정신세계
이다. 그래서 인간의 내적 감정이나 고통, 혼란스러움이 비사실적인 왜
곡으로 표현된다. 표현주의는 고도로 주관적이어서 어떤 사건의 정서
적 경험을 창작자 자신의 주관적 경험과 세계관에 근거해서 무대 위에
올려놓는다. 그렇다 보니 무대 위의 시간과 공간이 연속성이 없을 때가
많으며 등장인물의 내면이 사실주의처럼 공감을 일으키거나 뚜렷하게
형상화되지 않고 몽환적 분위기로 흐를 때가 많다. 즉 현재의 심리적,
육체적 상태를 과장되고 왜곡된 형태로 보여주는 것이다.

대표적인 표현주의 작품으로는 게오르크 카이저(Georg Kaiser, 1878
~1943)의 〈아침부터 자정까지〉(1916)와 에른스트 톨러(Ernst Toller,
1893~1939)의 〈대중과 인간〉(1921)이 있다. 연출가 유르겐 펠링(Jurgen Feh-
ling, 1885~1968)이 〈대중과 인간〉을 연출하면서 작품에 표현주의적 장치
를 사용하였는데, 증권거래소 장면에서 가구를 극단적으로 과장되고
왜곡되게 표출하였으며, 감옥 장면에서는 주인공을 답답한 새장 안에
갇혀 있는 것으로 표현하였다.

5. 초현실주의

초현실주의(surrealism)는 1924년 시인이자 미술평론가인 앙드레 브르
통(André Breton, 1896~1966)에 의해 표면화되기 시작했다. 이들은 프로이

트의 정신분석학에 영향을 받아 꿈이나 무의식의 세계를 표현하는 방법을 연구했다. 무의식은 의식보다 더 넓은 범위이고 우리의 일상은 대부분 무의식 속에 있다는 것이다. 따라서 무의식적인 연상작용이 예술적 상상력을 자극하도록 돕고, 그렇게 나타나는 행위는 비이성적이며 현실과 몽환적인 세계가 중첩되어 보이는 효과를 가져온다.

프랑스의 극작가 장 콕토(Jean Cocteau, 1889~1963)는 〈안티고네〉(1922) 〈오르페우스〉(1926) 〈지옥의 기계〉(1934) 등에서 신화를 재해석하는 방법으로 초현실주의를 시도했다.

지금까지 반사실주의의 몇 가지 양식들을 요약하였으나 이들 양식의 공통점은 사실주의에 대항하는 나름의 자기 탐구 수단을 모색하는 행위였다. 그러므로 이들을 개별적 양식으로 범주화해서 요약한다는 것은 어찌 보면 분파주의를 부추기는 행위로 오해될 수 있다. 예술작품은 행위에 따른 결과의 소산이지 분류의 수단이 될 수 없다. 그것은 단지 학문적 체계를 위한 편의적 방편일 뿐이다.

6. 반사실주의 예술가들

1) 아돌프 아피아(Adolphe Appia, 1862~1928)

연출과 극작 외에도 무대장치에서 반사실주의를 옹호했던 예술가로는 스위스 출신의 아돌프 아피아가 있다. 아피아는 반사실주의 무대화 이론을 확립한 예술가로 제4의 벽 관례를 무시한 무대를 설계하였다.

아돌프 아피아의
무대장치

그의 무대장치는 사실적이기보다는 조형예술에 가까워서 계단을 쌓고
기둥을 세운 3차원의 배경과 단순하고 상징적인 세트를 주로 사용하였
다. 그리고 무대에 배우들의 연기 구역을 나누고 감정 표출에 어울리는
색채 조명을 사용하였다. 조명의 빛과 그림자가 교차하며 무대 위에 자
연스럽게 조성되는 명암이 입체성을 드러나게 하는 것이다. 그는 무대
장치와 조명의 도움으로 배우가 좀 더 입체적인 공간에서 연기할 수 있
다고 믿었다.

2) 에드워드 고든 크레이그(Edward Gordon Craig, 1872~1966)

또 한 명의 무대미술가로 영국 출신의 크레이그가 있다. 그는 배우로
연극에 입문했으며 연극연출가로도 활동했다. 크레이그의 『연극예술에
관하여(On the Art of the Theatre)』(1911)는 그의 연극관을 엿볼 수 있는 책인
데, 그의 주장은 한마디로 연극의 독자적인 예술성을 확립하자는 것이

었다. 연극에 동원되는 각각의 매체들(희곡, 연기, 무대미술, 조명, 의상 등)은 이미 그 자체로 독자적 예술 세계를 확보한 완성된 예술 매체이다. 따라서 그것들은 연출의 처지에서는 연극의 표현 요소로서 매력적이라고 할 수 없다. 연극에 필요한 진짜 요소는 언어, 몸짓, 선, 색, 소리와 같은 좀 더 원초적인 요소들이며, 그것을 조합하여 새로운 세계를 창조하는 것이 연극연출가의 역할이다. 이러한 그의 생각은 연기에 있어서 새로운 표현 수단인 배우의 초인형(超人形, 초인적인 인형) 이론을 만들어냈다. 초인형 이론은 새로운 배우 유형이면서 비사실주의에 어울리는 동작언어 중심의 연기형태이다. 그리고 현실과 공연은 엄연히 질적인 차이가 존재하므로 인공적 현실과 양식화된 표현이 연극에서 필요함을 역설하였다.

3) 프세볼로트 메이예르홀트(Vsevolod Emilevich Meyerhold, 1874 ~1940)

사실주의에 스타니슬랍스키가 있다면 반사실주의 영역에서 스타니슬랍스키와 어깨를 견줄 만한 사람은 단연 메이예르홀트일 것이다. 모스크바 예술극장의 창단 멤버였으며 〈갈매기〉에서 트레블레프 역을 연기한 배우이기도 했다. 그러다가 1902년 모스크바 예술극장을 떠나 독자적인 연출가의 길을 모색하였다. 이후 그는 연출가로서 〈멋지게 오쟁이 진 남편〉(1922), 〈검찰관〉(1926) 등의 작품에서 반사실주의를 지속해서 실험한다. 그의 반사실주의 실험연극에서는 새로운 연기 시스템이 필요했는데, 이른바 '바이오메커닉'(biomechanics, 생체역학) 연기 시스템이 그것이다. 생체역학 연기는 배우의 신체적 조형성을 중시한다. 이것은 배우가 표현하고자 하는 감정을 신속하게 반응하도록 훈련하는 것이다. 이때 배우들은 불필요한 동작 요소들은 제거하고 기계처럼 능률적인 동작들만을 수행하게 된다. 예를 들어 멀리 뛰기 위해 몸을 움츠린다거나 허리를 과장되게 한 번 더 뒤로 제치는 행위 등을 좀 더 과도하고 큰 움직임으로 보여주는 것이다. 이때의 동작들은 자연스럽게 이어지지 않고 분절되어 있으며 절도 있게 진행된다. 그래서 마치 기계적인 움직임처럼 보이기도 하는 것이다.

메이예르홀트가 자신의 작품에 도입한 무대장치는 러시아의 건축, 조각, 회화 등에서 전개된 예술운동인 구성주의(Constructivism)를 응용한 것들이다. 그의 무대는 대부분 골격만 갖춘 틀과 배우가 머물 수 있는 플랫폼, 그 사이를 오갈 수 있는 다리와 오르내리는 계단 등으로 이루어져 있다. 여기에 기계의 톱니바퀴를 상징하는 원통형의 구조물과 컨베이어 벨트 같은 미끄럼틀 등도 자주 등장한다. 그래서 무대공간은 추상적이며 배우들의 기계적인 움직임과 효과적으로 어울리게 설계되었다. 이것은 생체역학 연기에 불필요한 요소들을 제거한 단순하고 실용적이며 기능성이 강조된 무대라고 할 수 있다.

4) 앙토냉 아르토(Antonin Artaud, 1896~1948)

아르토는 프랑스 출신의 초현실주의자이며 혁신적인 이론가였다. 그는 생전에 배우, 시나리오 작가와 희곡작가, 연출가로도 활동했으나 무엇보다도 아르토를 정의할 수 있는 것은 연극이론가로서의 그의 연극정신이다. 그는 연극이 텍스트와 글로 쓰인 문학과 결별해야 함을 주장하였다. 연극이 더는 문학적 행위가 아니라 감각적 경험이 되어야 하며,

그 감각적 경험을 서술한 일련의 수필과 선언문을 통해 '잔혹극'(theatre of cruelty) 이론을 구체화하였다.

아르토의 잔혹성은 누군가에게 가해지는 육체적, 도덕적 가해를 말하는 것이 아니다. 그것은 태초부터 지녀온 인간의 자연성을 억압하는 인류의 정신문명, 즉 이성의 잔혹함에 있다. 그러므로 인류의 새로운 삶을 회복하기 위해서는 기존의 질서, 즉 윤리, 체제, 인습 등을 파괴해야 한다. 이성적 방어기제에 의한 잔혹한 고통을 파괴하고 그 폐허 위에 창조를 위한 전제 조건을 세우는 것이다. 따라서 아르토의 잔혹은 "우리가 상대방에게 행할 수 있는 그런 잔혹함이 아니다. 그보다는 오히려 사물들이 우리에게 행할 수 있는 훨씬 끔찍스럽고 훨씬 급박한 그런 잔혹함"[2]을 이야기하는 것이다. 아르토는 외부에서 공격당하는 잔혹성의 감각적 경험을 통해 폭력성과 잔인성이 정화된다고 생각했다. 그는 평소에도 원시적인 종교의식에 심취했던 것처럼, 연극 또한 전염병처럼 전파되어 현대사회의 추악함이 씻겨나가길 바랐다. 아르토에게 연극은 종교의 또 다른 대안이었다.

그는 영화 〈나폴레옹〉(1927)과 〈잔다르크의 수난〉(1928)에 출연하였으며, 희곡 〈피의 분출〉(1924), 〈쌍시가(家)의 사람들〉(1934)을 썼다. 특히 그가 직접 연출한 〈쌍시가의 사람들〉은 잔혹극 이론을 적용한 실험극이었는데, 당시에는 크게 환영받지 못하였다. 오히려 그의 연극 정신은 작품보다 연극이론을 담은 『잔혹극 선언』(1932), 『연극과 그 이중(Le Théâtre et son double)』(1938)을 통해 후세 연극예술가들에게 영감의 원천이

---

2 Manfred Brauneck, 『20세기 연극-선언문, 양식, 개혁모델』, 김미혜 · 이경미 역, 연극과 인간, 2000, 510쪽

되었다. 말년에는 환각 증세에 시달리며 9년간 정신병원에서 요양하다가 퇴원 2년 후 암으로 사망하였다.

5) 베르톨트 브레히트(Bertolt Brecht, 1898~1956)

브레히트는 1920년대 독일에서 발생한 '서사극'(epic theatre) 이론을 발전시켜 독자적인 연극이론을 구축한 극작가이며 연출가이다. 우리는 '서사극' 하면 자연스럽게 가장 먼저 브레히트를 떠올린다. 하지만 역사적으로 서사극 개념을 가장 먼저 도입한 사람은 연출가 에르빈 피스카토어(Erwin Piscator, 1893~1966)라는 주장이 더 설득력이 있다. 피스카토어는 1928년 〈용감한 병사 슈페이크(Good soldier Schweik)〉에서 서사극적 장치를 사용하였으며, 주인공 슈페이크의 모험을 현대판 서사시에 비유하였다. 다만 '서사극'은 브레히트가 자신의 저술에서 이 용어를 집중적으로 사용하였을 뿐만 아니라 극작과 연극이론을 뒷받침하는 수단으로 자주 거론한 까닭에 브레히트와 서사극이 마치 등가적 개념으로 고정된 탓일 것이다.

브레히트는 독일 표현주의가 절정에 있던 시기에 연극에 입문했으며 그의 초기작들 역시 표현주의적 수법을 보인다. 그러다가 1925년경부터 자신의 극작에 서사극과 '이화'(Verfremdung)라는 개념을 발전시켜 나간다. "브레히트는 그가 반기를 들었던 연극적 연극과 구별 짓기 위해서 그의 작품을 '서사적'이라고 칭했다. 그는 구연극(舊演劇)이 관객을 완전한 수동적 역할로 축소하기 때문에 그 유용성을 이미 상실했다고 주장했다. 브레히트에 따르면 구연극에서는 사건들이 고정불변의 것으로 제시되는데, 그것은 왜냐하면 심지어 역사적 주제까지도 오늘의 관점에서 다루어지고 있기 때문이라는
것이다. 이러한 접근법은 관객에게 사
물이 항상 똑같아왔다고 믿도록 부추
긴다. 게다가 사실적 무대 제작으로 행
동에 안정감이 주어지기 때문에 어느
입장에 한 번 빠지면 그것이 절대로 변
경될 수 없다는 생각이 조성된다. 따라
서 관객은 최면상태에서 비판 없이 관
람할 수밖에 없다. 그의 감각들이 잠재
워지기 때문에 그는 역사적 사건에 생

브레히트

산적으로 참여하지 못한다."[3]

그래서 브레히트는 관객이 중요한 요소가 되는 연극, 관객이 감정적
으로 휘말리는 것이 아닌 지성적 판단이 작동하는 연극을 희망했다. 그
러자면 관객들이 연극에 몰입하는 것을 방해하는 특별한 작용들이 필
요했다. 이것이 브레히트가 주장하는 '이화효과'(Verfremdungseffekt)이다.
오늘날에 이 단어는 소외효과, 소격효과, 생소화 효과, 낯설게 하기, 거
리 두기 등 여러 가지로 번역되지만, 궁극적으로는 감정과의 거리 두기
이며 작품(사물, 사건)과의 거리 두기이다. 더욱 정확하게 그것은 "이상하
게 만들기"[4]를 뜻한다.

무대 위의 사건들을 이상하게 만들고 관객과의 거리 두기를 위해서는
어떤 수단도 동원할 수 있다. 서사극에 나오는 노래는 풍자적인 가사에

---

3 오스카 G. 브로케트, 『연극개론』, 김윤철 역, 연극과 인간, 2014, 473쪽.
4 위의 책, 474쪽.

어울리지 않는 경쾌한 곡조이며, 종종 해설자가 등장하여 연극 장면을 내레이션으로 설명한다. 그리고 연극에서 영화 필름을 상영하기도 한다. 이것은 관객들이 극장에서 연극을 보고 있다는 사실을 계속해서 환기해 연극에서의 거리 두기, 즉 이화효과를 달성하게 한다. 이화효과를 높이는 브레히트의 또 다른 장치는 배우 이외의 다른 출연자들이나 무대장치들을 굳이 숨기지 않는 것이다. 조명기구들을 관객들이 볼 수 있는 곳에 노출하고 장면 전환도 관객들이 보는 데서 한다. 극장 기술자도 애써 어두운 곳에 숨어 있을 필요가 없으며 반주를 하는 악사들도 무대 위에 둘 것을 제안하였다.

이렇게 함으로써 브레히트가 달성하고자 하는 서사극의 목적은 교육에 있었다. 연극은 항상 즐거움을 주어야 하지만 그것이 단순히 소비와 오락만을 위해 창작되어서는 안 된다고 믿었다. 브레히트가 생각하는 연극의 즐거움은 생산적인 참여와 교훈을 통해 사회가 변화할 때만 가능한 것이다.

이화효과를 달성하기 위한 또 다른 방법으로는 '역사화'를 들 수 있다. 이것은 연극에서 일어나는 사건의 시대나 장소가 현재로부터 격리되어야 함을 뜻한다. 격리란 이전의 연극들이 역사적 소재를 다룸에 있어 현재의 시각이었던 것에 반대하는 것이다. 그래서 관객들이—만일 내가 연극이 보여주는 조건 아래서 살았다면 어떤 행동과 결단을 내렸을지—스스로 판단하게 하는 것이다.

브레히트의 대표작 중 〈코카서스의 백묵원〉(1948)을 살펴보자. 이 희곡은 이스라엘 솔로몬(재위 BC 971~931) 왕의 재판 이야기와 13세기 중국 원(元)나라 때 이행도(李行道)가 썼다는 희곡 〈회란기(灰闌記)〉를 기반으로 브레히트가 새롭게 각색한 서사극이다. 〈회란기〉에는 송나라 때의 명판관 포청천(包靑天)이 등장한다. 두 이야기의 시작은 놀랍도록 비슷하다. 두 여자가 한 아이를 놓고 서로가 친자임을 주장하자 솔로몬은 아이를 반으로 갈라서 나눠 가지라고 판결하고, 포청천은 백묵으로 그려진 동그란 원(圓) 안에 아이를 세우고 아이를 잡아당겨 원 밖으로 끌어내는 사람이 친모라고 선언한다. 결론에 가면 〈코카서스 백묵원〉은 〈회란기〉와 좀 더 비슷한데, 두 여자는 사력을 다해 잡아당기지만, 아이의 고통스러운 모습을 참지 못한 어느 한쪽에서 아이의 손을 놓아버린다. 그렇게 진짜 어머니가 가려진다. 당연히 자식의 안위를 걱정하여 손을 놓아버린 쪽이 생모이다.

브레히트는 이 이야기의 배경을 러시아의 코카서스 지역으로 옮겨 놓는다. 코카서스에 반란이 일어나 총독이 살해되고 총독 부인은 피난을 떠난다. 그런데 총독 부인은 비싼 옷을 챙기는 데 골몰한 나머지 어린 아들을 잊어버린 채 도망간다. 어린 아들은 젊은 하녀에게 길러지고 그의 아들이 된다. 그런데 반란이 진압되고 총독 부인은 총독의 재산을 상속받기 위해 아이를 찾으러 온다. 하지만 하녀는 아이를 돌려줄 마음이 없다. 결국 동그라미 재판이 벌어지고 재판관은 하녀이자 양모의 손을 들어준다. 아이의 손을 놓아버린 쪽은 하녀였기 때문이다.

두 이야기의 결정적인 차이점은 아이의 양육권이 꼭 친모에게 있어야 한다는 전통적 가치관과 고정관념의 파괴이다. 솔로몬의 재판이나 〈회란기〉의 경우는 자신의 소유욕보다 자식의 안위를 걱정하며 손을 놓은 쪽이 당연히 친모일 거라고 판결한다. 그러나 〈코카서스 백묵원〉은 생물학적 관계를 떠나서 아이의 안전을 위해 손을 놓은 쪽이 참어머니임을 선언한다. 만일 당신이 그 시간, 그 장소, 그와 똑같은 상황에 놓인다면 어떤 행동과 결단을 하게 될 것인가?

이 밖에도 브레히트의 대표작으로는 그의 첫 희곡 〈바알〉(1918), 〈밤의 북소리〉(1922), 〈서푼짜리 오페라〉(1928), 〈갈릴레이의 일생〉(1938), 〈억척 어멈과 그 자식들〉(1938), 〈사천의 선한 사람〉(1938) 등이 있다.

제12장

부조리극

1. 시대적 배경

양차 세계대전의 소용돌이 속에서 인류는 새로운 문제에 직면하게 된다. 그것은 인간 이성에 대한 절망이며 존재와 삶에 대한 회의감에서 비롯되었다. 그리고 인류가 이성으로 창조한 문명은 언제든 비이성적 행동으로 파멸할 수 있음을 확인했다. 과학기술의 진보라고 믿었던 산업화는 엄청난 화학 무기들을 만들어냈고 이성적 존재라고 믿었던 인류는 그 무기들로 대량살상을 자행했다. 양차 대전 이후 인류는 출구 없는 질문에 직면하게 된다.

그렇다면 연극은 어떠하였을까? 2차 대전 이후의 연극을 한마디로 정의하자면 표현의 다양성이라고 할 수 있다. 사실주의 연극 이후, 20세기 초 아방가르드 운동으로 우리는 이미 다양한 양식들을 경험하였다. 그리고 여기에다 여러 연극 형식이 서로의 특이점들을 차용, 결합, 수정하며 새로운 연극 기법들을 탐구하기 시작한다. 20세기 초는 시대를 압도하는 특정한 표현 양식의 등장은 일어나지 않고 오히려 여러 연극이 상호 공존하는 가운데 다양한 표현의 분화가 일어난다.

사실주의는 계속해서 자신의 양식을 수정, 보완해 나갔으며, 뮤지컬이 전성기를 구가하였다. 그러나 한편에서는 부조리극(Absurd Theater) 이 등장하였고 리빙 시어터(Living theatre), 기록극(documentary drama), 환경연극(environmental theatre) 등이 세계 각지에서 독자적인 연극 실험을 펼쳐나갔다. 그중에서도 사실주의는 여전히 맹위를 떨치고 있었다. 다만 이전의 사실주의와는 조금 다르게 환영(illusion)주의는 덜 강조되었으며, 관객들 역시 예술과 현실이 다르다는 것을 어느 정도는 수긍하게 되었다. 따라서 '리얼리티'라고 하는 개념도 19세기 때처럼 그렇게 간단하게 생각되지 않았고 삶을 재현하는 방법도 훨씬 더 신축성을 갖게 되었다. 사실주의는 다른 연극운동에서의 비이성적이지만 수용 가능한 요소를 흡수하고 그것을 자신의 것으로 변형함으로써 여전히 안정적인 수요층을 확보하게 된다. 이렇게 수정된 사실주의는 이후 등장하는 전위적 경향의 실험극 역시 보편적 가치로 받아들이며 진화하게 된다.

2. 부조리극의 배경

20세기 현대인의 사상적 원천은 19세기 후반의 과학주의, 합리주의, 실증주의 사상의 대두로부터 도달된 것이다. 그리고 이와 같은 사상이 연극에 반영되어 사실주의 연극이 발전할 수 있었다. 그러다가 20세기 초 양차 대전을 거치는 가운데 고도로 발달한 현대문명 때문에 인간 존재와 삶의 문제들에 대한 회의감이 증대되기 시작한다. 대중들에게 폭넓게 확산하기 시작한 회의감은 존재의 의미를 추구하는 실존주의 철

학과 함께 전통적인 연극기법에 반기를 든 반(反)연극, 즉 부조리극으로
나타나게 된다.

그러나 부조리극은 이전의 다른 연극운동과는 달리 의식적인 연극운
동으로 전개된 적이 없다. 1950년대에 프랑스를 중심으로 부조리극이
일어나긴 했지만, 당대의 부조리 계열 작가라고 할 수 있는 사뮈엘 베
케트나 외젠 이오네스코, 장 주네 등은 한 번도 자신들의 신념을 공개
적으로 공론화하지 않았다. 다만 이들이 갖고 있던 몇 가지 공통된 신
념들이 이들을 하나의 유파로 분류하는 데 유용한 정보가 되어줄 뿐이
다.

부조리주의자들이 보는 인간의 가치 체계와 세상의 모든 사건은 과
학적 증명이 불가능하며, 따라서 객관적 진실의 바깥에 있는 세상이다.
그 의미를 알기 위해서는 우선 부조리를 뜻하는 'absurd'란 단어를 살펴
보는 것이 도움이 된다. 이 단어는 라틴어 'surdus(귀먹은)'에서 왔다. 그
리고 앞에 접두사 'ab(완전히)'와 결합하며 'absurde(완전히 귀먹은)'의 뜻이
되었다. 이후 단어의 뜻은 '불협화음의', '모순적인', '비논리적', '합리적
인 이해의 한계를 넘는'의 의미로 발전한다. 그러므로 부조리주의자들
이 주장하는 완전히 귀먹은, 모순적이고 비논리적인 세상이란 결국, 19
세기가 주장하던 과학적 증명으로도 판단할 수 없고 논리적 전개도 불
가능한 비이성적인 부조리한 세상이다.

"부조리주의자들의 생각에 따르면 세계는 완전히 중립적이며, 사실
과 사건들은 아무 의미를 지니고 있지 않은데 인간들이 거기에 독선적
으로 의미를 갖다 붙인다. 따라서 만일 우리가 어느 행동을 부도덕하게
여길 때 그것은 꼭 그 행위가 부도덕함을 의미하지는 않으며 다만 우리
가 그런 딱지를 붙이는 것일 뿐이다. 도덕성의 개념 자체가 논리적으로

근거가 없는 인간의 조작으로 여겨진다."[1] 이들의 말대로 도덕성의 개념이 인간의 조작이라면 우리가 저마다의 가치체계를 세우고 살아가는 이 세상 또한 그 가치를 증명할 수 없다는 부조리주의자들의 가정을 인정할 수밖에 없다.

3. 실존주의

부조리주의자들의 위와 같은 생각의 저변에는 당시에 유행하던 실존주의(existentialism) 철학이 바탕에 깔려있다. 오늘날 부조리극이라고 불리는 희곡들 대부분은 원래 '실존주의극'이라고 불렸었다. 그러다가 영국의 비평가인 마틴 에슬린(Martin Esslin, 1918~2002)이 새로운 연극적 실험을 일군 작가들을 연구하는 과정에서 그들의 희곡이 모순되고 비논리적인 경향을 보인다는 공통점을 발견하게 된다. 이에 에슬린은 이들의 성향을 자신의 책 『부조리극(Theatre of the absurd)』(1961)에서 하나의 범주로 규합함으로써 고유명사화하기 시작하였다.

실존주의의 원류를 따라가보면 덴마크의 쇠렌 키르케고르(Søren Aabye Kierkegaard, 1813~55)를 필두로 독일의 프리드리히 니체(Friedrich Wilhelm Nietzsche, 1844~1900), 카를 야스퍼스(Karl Jaspers, 1883~1969), 마르틴 하이데거(Martin Heidegger, 1889~1976), 프랑스의 가브리엘 마르셀(Gabriel Honoré Marcel, 1889~1973), 모리스 메를로-퐁티(Maurice Merleau-Ponty, 1908~61) 등과 만나게 된다. 그러나 실존주의를 사상적 체계로 확립한 철학자는 프

---

1 오스카 G. 브로케트, 『연극개론』, 김윤철 역, 연극과 인간, 2014, 511쪽.

랑스의 장-폴 사르트르(Jean-Paul Sartre, 1905~80)와 알베르 카뮈(Albert Camus, 1913~60)다.

물론 위에 열거한 또는 그 밖의 실존주의와 유사한 사유 체계를 갖고 있던 철학자들을 실존주의로 분류한다고 해서 이들이 모두 같은 사상을 공유했다고 생각하는 것은 크나큰 오해를 불러올 수 있음을 상기하자. 이들은 모두 개별 학자로서 접근해야 하며 개개인의 연구 성향이나 관점도 천차만별임을 명심해야 한다. 일례로 하이데거는 자신을 실존주의자가 아니라 존재론자라고 주장하였으며, 사르트르는 사상적 차이 때문에 친구였던 메를로-퐁티, 카뮈와도 결별하고 평생 인연을 끊었다. 그렇게 본다면 실존주의에 대한 일반적 정의는 여전히 오리무중이며 '실존주의는 ( )이다'라고 정의하는 자체를 실존주의자들은 별로 내켜 하지 않는 듯 보인다. 따라서 실존주의는 가시적 기준에 의한 분류이며 또는 분류 자체가 이미 실존적이지 못한 행위가 될 수 있음도 생각해야 한다.

그럼에도 이들의 공통분모들을 대강이라도 추려본다면, 본질에 대한 대항으로 해체의 경향이 나타나며 보편적 원리보다 개별적 가치를 중시하고 초월적 존재보다 내재적 가치를 긍정한다. 한마디로 형이상학적 가치와 관념론적 세계관을 부정하는 사상이다.

이와 같은 경향을 전제로 사르트르가 얘기하는 실존을 살펴보자. 사르트르는 실존에 관한 유명한 명제를 남겼다. '실존은 본질에 앞선다.' 사르트르는 나와 세계와의 관계를 재설정함으로써 인간의 개념을 새롭게 정의하고자 하였다. 인간은 태어남으로 존재 지어지는 것이 아니라 나를 세계와 연결함으로써 그 실존을 확인하는 과정이다.

이것은 근대철학의 시작이라고 불리는 르네 데카르트(René Descartes,

1596~1650)의 '나는 생각한다, 고로 나는 존재한다(Cogito ergo, sum)'라고
하는 인간 본질에 대한 도전이다. 나의 실존은 생각함으로써 정의되는
것이 아니라, 정의되기 이전에 이미 하나의 실체로 존재하는 실존적 상
태이다. 그래서 사르트르는 인간은 태어나는 것이 아니고 세상에 던져
지는 것이며 인간은 자유로워지도록 저주받았다고 이야기한다. 인간
은 자유로운 존재로서 세상과의 관계 속에서 그 본질을 스스로 결정해
가는 존재, 즉 주체적 존재이며 실존적 인간이다. 사르트르는 무신론
적 실존을 주장했는데, 신이 없는 가운데 주체적 존재는 어떠한 행동을
하더라도 그 행동의 도덕적 가치는 의미를 부여받을 수 없다. 왜냐하
면, 신이 없는 상태란 합리적 이해의 단계를 벗어난 상태이다. 그런 가
운데 혼란스러운 존재에게 질서를 부여할 수 있는 가치 체계는 나 스스
로 찾아야 하고 오로지 자신한테만 책임을 진다. 그러므로 인간의 실존
은 언제나 불안하고 모순적이며 합리적인 이해의 단계를 벗어난 부조
리한 상태이다. 사르트르는 실존주의를 기반으로 희곡 〈파리떼〉(1943),
〈출구는 없다〉(1944), 〈무덤 없는 주검〉(1946), 〈공손한 창녀〉(1946), 〈더
러운 손〉(1948), 〈악마와 신〉(1951), 〈네크라소프〉(1955), 〈알토나의 감금
자〉(1959) 등을 썼다.

　부조리란 용어를 가장 처음 사용한 사람은 카뮈로 알려져 있다. 그
는 철학 수필 『시지프의 신화(The Myth of Sisyphus)』(1942)에서 인간의 상황
은 근본적으로 부조리하며 그 어떠한 소망이나 노력도 세계의 침묵으
로부터 좌절당할 수밖에 없다고 이야기한다. 그의 말을 따르자면, 나는
그냥 세상에 나왔을 뿐이다. 그런데 이 세상에는 내가 나오기 이전부
터 내가 관여하지도 않은 여러 기준, 즉 옳고 그름의 도덕적 가치관들
이 이미 누군가에 의해 정해져 있는 세상이다. 따라서 나는 그 기준에

어쩔 수 없이 순응해야 하는 삶이다. 나의 실존이 빠져 있는 그 삶은 부조리한 세상이다. 카뮈는 소설 『이방인』(1942)과 『페스트』(1947)로 유명하며, 희곡 〈칼리굴라〉(1938), 〈오해〉(1944), 〈계엄령〉(1948), 〈정의의 사람들〉(1949) 등이 있다.

4. 부조리극의 특징

부조리극에 대하여 비평가 오세곤은 "기존의 연극이 '사실임 직한 비사실'을 추구하는 데 반해, 부조리극은 '비사실임 직하지만 엄연한 사실'의 제시를 목적으로 한다. 부조리극은 어디까지나 마치 거울을 들이대듯 강렬하고도 직접적인 방식으로 현실, 즉 인간의 부조리한 상황이나 모습을 제시할 뿐이지 거기에 대해 특정한 반응을 유도하지도 않고, 어떤 대책을 암시하거나 충고하지도 않는다. 따라서 집단적 믿음을 떨쳐 버리고 현실을 직시하며, 거기서 문제점을 찾아내어 해결하고자 노력하는 과정은 철저히 관객의 몫이 된다."[2]라고 얘기한다. 여기서 '관객의 몫'이란 모든 연극이 그러하진 않더라도 최소한 부조리극에서만큼은 일정 부분 관객의 역할을 요구한다. 그것은 부조리극이 계속해서 관객에게 질문을 던지고 있을 뿐, 이성적이고 합리적인 해답을 제시하지는 않고 있기 때문이다.

부조리극이 제시하는 부조리한 방식들을 살펴보자.

---

2 외젠 이오네스코, 『대머리 여가수』, 오세곤 역, 민음사, 2003, 186쪽.

① 인간의 부조리 : 비이성적이고 자기 모순적인 등장인물들은 존재의 통제력을 잃고 우스꽝스러운 행동으로 자신을 희화화한다. 이것은 인물의 정체성을 확인하는 일관성 있는 심리 묘사가 빠져 있기 때문이다.

② 언어의 부조리 : 의사소통의 무익함, 또는 언어가 인간의 감정과 의지를 전달하는 의사소통의 합리적인 수단이 될 수 있는가에 관한 질문이다. 〈고도를 기다리며〉에서 '럭키'는 논리적으로 연결할 수 없는 말들을 장장 3쪽에 걸쳐 토해낸다. 〈의자들〉의 '연설자'는 귀머거리(청각장애인)이자 벙어리(언어장애인)다. 그의 연설은 파편화된 음절로 나타나며 소음의 언어로 남는다.

③ 상황의 부조리 : 일어나는 사건과 인물의 말이 모순되어 상황을 읽기 어렵다. 따라서 줄거리의 맥락을 이해하려는 노력 자체를 쓸모없게 만든다. 〈고도를 기다리며〉의 1막과 2막은 똑같은 대사로 끝난다.

> 블라디미르 : 자, 가볼까?
> 에스트라공 : 응, 가세.
>   (그들은 꼼짝도 하지 않는다)

이들은 말로는 가자고 하면서 실제로는 꼼짝도 하지 않는다. 말과 행위의 모순은 결국 이들이 아무것도 이루지 못할 것임을, '고도'를 기다리는 것도 '고도'가 오는 것을 보지도 못할 것임을 암시한다.

제2차 세계대전 이후 인간 이성에 대한 환멸과 자본주의적 가치관은 인간 존재의 근원적인 무의미함을 고발하는 부조리로 나타난다. 부조리는 일상적 평화를 비틀고 그 틈새를 파고들어 인간 궁극의 부조리와 모순의 책임이 어디에 있는지 묻는다. 부조리극이 보여주는 주된 정서는 '허무'와 '불안'이다. 허무와 불안은 인간 존재의 본질에 계속해서 질문을 던지지만 돌아오는 대답은 공허감과 상실감, 그리고 고독과 소외뿐이다. 부조리극은 1950년대와 60년대 초반 이른바 전후 복구 시대에 그 전성기를 누렸지만, 1960년대 중반, 새로운 전위예술에 자리를 양보하고 쇠퇴하기 시작했다.

5. 부조리극의 대표적인 작가

부조리극이 하나의 경향으로 두드러지게 나타난 시기는 1950년대지만 그 뿌리를 좇다 보면 19세기 말, 프랑스의 알프레드 자리(Alfred Jarry, 1873~1907)가 쓴 〈위비 대왕〉(1896)을 효시로 보기도 한다. 이후 이탈리아의 루이지 피란델로(Luigi Pirandello, 1867~1936)가 부조리적인 견해를 표현한 〈당신이 옳다고 생각하면 당신이 옳은 거요〉(1918), 〈작가를 찾는 6인의 등장인물〉(1921) 등을 발표하였다. 그러나 최근까지도 어디까지를 부조리 계열로 봐야 하는지에 대한 의문은 진행 중이다. 작가들마다 부조리를 대하는 성향이 다르고 부조리극의 특징을 일반화하기 어려운 문제가 있고 보면 그 분류가 다소는 임의적일 수 있다. 그렇지만 그중에서도 가장 빈번하게 부조리 작가로 분류되는 사람을 들라면 사뮈엘 베케트, 외젠 이오네스코, 장 주네, 해럴드 핀터일 것이다.

1) 사뮈엘 베케트(Samuel Beckett, 1906~1989)

베케트는 아일랜드 태생이지만 1937년 이후에는 집필 기간 대부분을

〈고도를 기다리며〉
(1956)

프랑스에서 활동한 작가이다. 그의 활동 초기였던 1930~40년대까지는 수필과 시와 소설 등을 주로 발표하였다. 그러나 그의 작품은 널리 대중적이지 못했다. 소설 『머피(Murphy)』(1938)는 프랑스판으로 4년 동안 단 95권 정도가 팔렸다. 이후 1952년 발표한 〈고도를 기다리며〉가 프랑스 문단의 호평을 받았고 1953년 파리의 바빌론 소극장에서 프랑스어로 초연되어 큰 성공을 거두었다.

그가 부조리에 관심을 두게 된 것은 1938년 당한 사고 때문이다. 베케트는 영화를 보고 나오던 중에 낯선 청년의 칼에 맞았다. 그러나 법정에서 범인이 한 말은 "나도 이유를 모르겠다"였다. 이 말을 들은 베케트는 인간 심리의 무작위성과 인생의 부조리에 대해 고민하게 된다.

베케트는 유별난 성격으로도 유명해서 주변의 친한 친구 몇몇과 겨우 교류할 뿐 대중의 인기에는 별 관심을 보이지 않았다. 금욕적이고 엄격한 수도자 같은 삶으로 은둔하듯이 살았고, 자신의 집필실 이외에는 이따금 카페에서 친밀한 지인들과 담소를 나누고 홀로 연극이나 영화를 보러 다니는 게 전부였다. 그는 대중매체와의 인터뷰도 극도로 꺼렸으며 노벨 문학상 시상식에도 참석하지 않아서 출판사 대표가 대신 참석하였다. 베케트는 그의 이미지처럼 평생 어떤 스캔들도 일으키지 않았으며 평생의 동지이자 아내였던 쉬잔과 함께했다. 1989년 쉬잔이 사망하자 집필을 중단하고 칩거했으며 5개월 후인 1989년 12월 22일에 쉬잔의 뒤를 따르듯 숨을 거두었다.

그의 대표작으로는 〈고도를 기다리며〉(1952)를 비롯해 〈무언극 Ⅰ〉(1957), 〈무언극Ⅱ〉(1960), 〈엔드 게임〉(1957), 〈크라프의 마지막 테이프〉(1958), 〈행복한 나날들〉(1961) 등이 있다.

〈고도를 기다리며〉의 초연은 많은 연출가와 배우들에게 거절당하는 우여곡절을 겪었다. 그렇지만 어렵게 올린 공연에 프랑스의 연극계와 관객들은 기존 사실주의극을 전복시킨 참신함으로 열광했다. 〈고도를 기다리며〉를 얘기할 때 가장 많이 회자하는 일화는 "1955년 미국에서의 초연 때 연출자 알랭 슈나이더가 베케트에게 고도가 누구이며 무엇을 의미하느냐고 묻자 베케트는 '내가 그걸 알았더라면 작품 속에 썼을 것'이라고 대답했다는 유명한 일화"[3]이다. 또한 1957년 미국 캘리포니아의 산퀜틴 교도소에서 〈고도를 기다리며〉가 공연될 예정이었는데, 공연 관계자들은 과연 죄수들이 이 공연을 이해할 수 있을지, 혹시 공연에 불만을 터뜨리거나 폭동을 일으키지는 않을지 걱정이었다. 그러나 〈고도를 기다리며〉를 본 죄수들은 이 연극이 담고 있는 의미를 즉각 이해했으며 '고도'를 나름의 방법으로 해석하며 환호하였다고 한다.

---

3 사뮈엘 베케트, 『고도를 기다리며』, 오증자 역, 민음사, 2000, 164쪽.

2) 외젠 이오네스코(Eugene Ionesco, 1909~1994)

루마니아에서 태어나 프랑스에서 활동한 극작가다. 그의 희곡은 다른 부조리 작가들보다 좀 더 음산한 분위기를 풍기며 그로테스크하다. 언어적 부조리는 좀 더 극단적이어서 논리적 수사학 정도는 가볍게 무시된다. 언어의 무의미성을 느껴보고 싶은 부조리극을 찾는다면 이오네스코가 적당할 것이다.

그의 첫 희곡은 〈대머리 여가수〉(1949)로 이오네스코 자신도 전통적인 연극과는 최대한 다른 작품을 쓰고자 노력했다. 그래서 이 작품을 '반연극'(antiplay)이라 칭했다. 이 외에도 〈수업〉(1951), 〈의자들〉(1952), 〈아메데〉(1954), 〈새로 온 하숙인〉(1957), 〈살인자〉(1959), 〈코뿔소〉(1959), 〈왕의 퇴장〉(1962), 〈갈증과 허기〉(1966), 〈살인 놀이〉(1970) 등이 있다.

3) 장 주네(Jean Genet, 1910~1986)

프랑스의 소설가이며 극작가다. 주네의 어린 시절은 참혹했다. 창부였던 어머니에게서 버림받았고 열 살 때는 절도죄로 소년원에 수용되었다. 그의 자전적 이야기 『도둑일기』(1949)를 보면 거지, 소매치기, 남창 노릇을 하며 살았던 과거가 숨김없이 기록되어 있다. 주네는 1942년 강도죄로 복역 중 글을 쓰기 시작하여 감옥에서 소설 『꽃의 노트르담』(1944)을 발표한다. 그리고 역시 감옥에서 쓴 희곡 〈하녀들〉이 1947년 루이 주베(Louis Jouvet)의 연출로 파리 아테네 극장에서 공연되며 프랑스 연극계에 충격을 주었다. 임시 석방 상태에서 1948년 강도죄로 10번째 기소되어 자동으로 종신형을 선고받았다. 하지만 미셀 푸코(Michel Foucault, 1926~84), 사르트르, 장 콕토(Jean Cocteau, 1887~1963)가 주네의 소설에 매료되어 프랑스 대통령에게 청원했고 주네는 종신형에서 사면되어 집행유예로 풀려난다. 이후 희곡을 쓰기 시작하여 〈엄중한 감시〉(1947), 〈발코니〉(1956), 〈흑인들〉(1958), 〈칸막이〉(1961) 등의 희곡을 남겼다.

그의 작품들은 그의 삶만큼이나 어둡고 극단적이다. 그는 자신이 목격한 어두운 세계의 혼돈을 작품 속에 투영하였다. 그러한 영향 때문인지 작품의 분위기 또한 반역과 증오와 범죄와 외설 등이 난해한 문체와 더불어 도발적으로 그려진다. 더러는 직설적 표현 대신 상징과 알레고리를 통해서 은유적 방식을 취하고 있기도 하지만 그 안에는 현실의 위선적인 세태에 대한 분명한 경고가 담겨 있다.

4) 해롤드 핀터(Harold Pinter, 1930~2008)

영국 출신의 극작가이며 배우, 연출가로도 활동했다. 1957년 4일 만에 완성한 단막극 〈방〉을 시작으로 희곡을 쓰기 시작했다. 이후 〈요리 운반용 승강기〉(1957)와 장막극 〈생일파티〉(1957)를 연속 발표했다. 그러나 핀터를 유명 극작가의 위치에 올려놓은 것은 〈관리인〉(1960)이다. 이 밖에도 〈귀향〉(1965), 〈풍경〉(1969), 〈침묵〉(1969), 〈밤〉(1969), 〈옛날〉(1971), 〈배신〉(1978), 〈일종의 알래스카〉(1982) 등이 있다.

핀터의 작품은 사건의 배경이나 인물의 심리적 동기에 대한 설명을 생략한 채, 상황을 던져 놓는다. 그 안에서 인물들의 대화는 횡설수설하거나 갑자기 툭 끊기거나 대충 얼버무리기로 상황의 모순을 증폭시킨다. 그의 작품은 베케트나 이오네스코보다는 좀 더 사실적이다. 그것은 많은 사람이 가장 안전한 장소라고 생각하는 집 내부를 배경으로 한 무대 세트 때문이다. 그러나 안전한 장소를 위협하는 외부 세력과의 미묘한 신경전은 안전하다고 믿었던 장소를 부조리한 장소로 만들어 놓는다.

이외에도 부조리 계열의 작가로 꼽히는 사람은 소설가 프란츠 카프카(Franz Kafka, 1883~1924), 러시아 출신의 프랑스 극작가 아르튀르 아다모프(Arthur Adamov, 1908~1970), 미국의 극작가 에드워드 올비(Edward Albee, 1928~2016), 프랑스의 페르난도 아라발(Fernando Arrabal, 1932~) 등이 있다.

제13장

포스트드라마 연극

1. 포스트드라마 연극의 태동

20세기가 시작되면서 서양 연극의 흐름은 다음의 두 가지로 크게 나 눌 수 있다. 하나는 고대 그리스 비극의 전통을 지속하려는 사실주의 적, 환영주의적, 희곡 중심적 연극 전통이다. 한마디로 말하면 연극 텍 스트의 충실한 재현을 지칭한다. 이것은 아리스토텔레스의 『시학』을 근 거로 인간에 관한 모방(mimesis)과 도덕적 정화작용, 즉 카타르시스(Ka- tharsis)를 연극의 최우선 과제로 인식한 데서부터 비롯된다. 이러한 인식 은 세상을 연극과 동일시하는 르네상스를 거쳐 17세기 신고전주의 시 대와 19세기 사실주의까지 이어진다.[1] 다른 하나는 드라마 연극의 충실

---

[1] G. Böhme, *Atmosphäre*, Frankfurt a.M.: Suhrkamp, 1995, p.14. "17세기 바로크 시대에는 '세상이 연극(theatrum mundi)'이라는 관념이 지배적이었다. 당시 사람 들은 인간이 이 세상극의 배우이고 신이 곧 연출자라고 생각했다." 김형기, 『포스 트 드라마 연극의 지각 방식과 관객의 역할』, 푸른사상사, 2014, 45쪽 재인용.

한 재현에 맞서 '연극의 재연극화'를 주장한 20세기 초 아방가르드 연극과 이들의 연극 정신을 계승한 1960년대의 네오아방가르드 연극에 의한 포스트드라마 연극이다. 이들은 연극의 본질이 드라마 텍스트의 재현에 있다고 생각하지 않았으며, 텍스트로부터 독립하여 독자적 매체로서의 미학적 체계와 연극적 기능을 찾기 위해 노력하였다.

몇몇 아방가르드 연극인들 가운데 독일의 연출가 게오르그 푹스(Georg Fuchs)는 '연극의 재연극화'를 주장하며 연극이 하나의 독립된 매체로서 여타의 다른 매체와 구별되어야 함을 주장하였다. 크레이그(Edward Gordon Craig) 또한 "연극예술은 연기도 아니고 희곡도 아니며, 또한 무대 장치나 무용도 아님"[2]을 역설하였다. 이 밖에도 아피아(Adolphe Appia)와 아르토(Antonin Artaud) 등이 연극을 문학으로부터 '분리'하고자 노력하였다.

이들 아방가르드 연극인들의 분리 노력은 연극에서의 새로운 주체 개념을 확립하는 것이었다. 그것은 전통적인 관점의 '이성 주체', '의식 주체'에서 '욕망의 주체', '몸의 주체'로 이동하는 것이다. 이들이 주장하던 새로운 주체 개념의 진원지는 니체라고 할 수 있는데, 니체는 몸과 정신에 대한 서구 형이상학의 이분법적 사고를 해체하는 토대를 제공하였다. 니체에게 몸은 단순한 생리학적, 심리학적 현상을 넘어서는 인간 삶의 사유, 느낌, 욕구의 복합적 주체이다. 그러므로 그 몸은 고정된 존재, 추상적 자아가 아니라 힘의 의지를 품고 하나의 유기적 세포처럼 활동하는 실천적 자아이다. 실천하는 주체로서 우리의 몸은 계속해서 무엇을 생성하는 몸이며 결코 완결된 몸으로 존재하지도 않는다. 이후 니체의 새로운 몸 사상은 1960년대 포스트모더니즘과 탈구조주의, 해

---

2 E.G. 크레이그, 『연극예술론』, 남상식 역, 현대미학사, 1999, 174쪽.

체주의의 사상적 배경이 되었다.

니체 이외에도 20세기 전통적 형이상학의 해체를 주도한 철학자로는 자크 데리다(Jacques Derrida, 1930~2004)가 있다. 그는 '차연(差延, différance)'과 '산종(散種, dissémination)'이라는 이라는 개념을 통해 결과적 의미가 결코 완결된 형태로 존재할 수 없으며 그것은 언제나 지연되고 또 서로 다른 궤도 위에 흩어져 있다고 주장한다. 그러므로 우리가 진실이라고 믿었던 결과적 의미는 정지된 무엇이 아니라 의미를 구성하는 방식에 따라 언제든 예측 불가능성 아래 놓이게 된다.

또 다른 철학자 질 들뢰즈(Gilles Deleuze, 1925~95)는 '리좀(Rhizome)'이라는 메타포를 사용해 동일성과 유사성, 대립의 종속적 관계를 해방하는 '차이 개념'을 도입한다. 리좀은 뿌리와 줄기가 구별되지 않는 근경 식물로 가지가 흙에 닿으면 뿌리로 변화하여 번져 나가는 식물이다. 이 식물은 뿌리, 가지, 잎이라고 하는 일반적인 수목들과는 다르게 경계가 분명하지 않고 따라서 위계질서도 갖지 않는다. 그것은 자신의 역할이 고정되어 있지 않음을 뜻하는 것으로, 차이를 차이로 포착하고 차이를 긍정하며 남과 다른 특이성을 새로운 변화와 생성의 창조적 원천으로 인정한다. 따라서 들뢰즈가 설명하는 리좀은 비체계적이고 탈중심화된 포스트모더니즘을 이해하는 데 유용한 메타포로 작용한다.

이처럼 니체로부터 시작해서 20세기 후반 등장한 포스트모던과 해체주의는 포스트드라마 연극에 있어서 의미의 종결을 지연시키고 연극 요소의 위계와 매체 사이의 경계를 무너뜨리는 시도를 가능하게 하는 원동력이 되었다.

2. 포스트드라마 연극, 그 용어와 개념적 정의

'포스트드라마'라고 하는 연극 형태가 연극학에 자리 잡기 시작한 것은 1990년대부터다. 물론 그 이전에도 '환경연극'을 이론적으로 정립한 리차드 셰크너(Richard Schechner, 1934~)에 의해 전통적인 연극 개념을 벗어나 범주를 구분하기 모호한 연극 형식, 이를테면 퍼포먼스까지를 폭넓게 아우르는 다층적 의미로 포스트드라마적(post-dramatic) 이라는 용어를 사용하였다. 그러나 이 용어가 이론적으로 정립되기 시작한 것은 독일의 연극학자 한스-티스 레만(Hans-Thies Lehmann)이 1999년에 단행본으로 출간한 책『포스트드라마 연극(Postdramatisches Theater)』[3]부터이다. 레만은 이 책에서 포스트모던 시대에 등장한 비드라마적인 연극 현상들을 설명하면서 포스트드라마라는 용어를 사용하였으며, 이 용어가 설명할 수 있는 활용 가능한 연극 범주를 서술하려고 시도하였다.

그러나 이 책의 출간은 연극계에 새로운 논쟁거리를 제공하였다. 특히 포스트드라마 연극에 대해 비판적인 사람들은 "포스트드라마 연극이 무대에서 문학예술 작품을 추방했다."[4]고 이야기한다. 이것은 공연 텍스트가 지녀온 문학적 힘을 신봉하던 사람들의 처지에서 보자면, 포스트드라마 연극에서는 작가의 역할을 기대할 수 없으며 무대는 연극적 기술을 나타내 보이는 장소로 기능할 뿐이다. 또 다른 비판으로는

---

3 Hans-Thies Lehmann, *Postdramatisches Theater*, Frankfurt a.M.: Verlag der Autoren, 1999. 한스-티즈 레만,『포스트드라마 연극』, 김기란 역, 현대미학사, 2013.

4 이재민,「포스트드라마 연극」,『공연과 이론』통권 52호, 공연과 이론을 위한 모임, 2013, 144쪽.

"포스트드라마라는 개념에 대한 이해가 쉽지 않다는 점과 포스트드라마 이론이 드라마를 너무 편협하게 정의하고 있다."[5]는 것이다. 위에 제기된 문제들을 종합해보면 포스트드라마에서는 텍스트 위주의 연극이 혹은 대사나 대화 위주의 연극이 갖고 있던 자신의 독점적 위치를 대사 이외에 다른 무엇에게 내주게 되었다는 것과 텍스트의 비중이 약화한 것에 비례하여 드라마적 연극을 대체하는 포스트드라마 연극에 대한 이해가 쉽지 않다는 것으로 요약될 수 있다.

그리고 이러한 비판의 기저에는 "연극의 역사에서 드라마는 항상 시대의 변화에 발맞추어 유연하게 변해왔다. 극작가들은 시대적인 요구에 맞는 드라마를 창작하기 위해 항상 새로운 실험을 해왔는데, 이러한 모든 실험을 무시하고 '드라마 = 멜로드라마'라는 공식에 근거해서 드라마가 21세기에는 더는 어울리지 않는 형식이라고 비판하는 것은 옳지 않다."[6]라는 믿음을 반영하고 있다. 이러한 믿음을 액면 그대로 수용한다면, 사실 레만의『포스트드라마 연극』은 '포스트드라마 연극이 무엇이다.'라고 명확하게 정립된 개념을 내놓은 것은 아니다. 그는 자신의 책에서 수십 명의 연극인, 무용가, 설치미술가, 음악가 등의 공연을 포스트드라마의 적절한 예시로 언급하는 가운데, 기존의 익숙한 드라마 투르기와의 변별적 요소들을 지적하며 이를 포스트드라마라는 포괄적 개념으로 설명하는 데 머물고 있다. 일례로 레만이『포스트드라마 연극』에서 언급하는 포스트드라마적 성향의 연출가만 하더라도 대략 80여 명에 이르는데, 로버트 윌슨, 얀 파브르, 피터 브룩, 로베르 르파주,

---

5 위의 글, 145쪽.
6 위의 글, 146쪽.

피나 바우쉬, 윌리엄 포사이스, 맥 스튜어트, 리처드 포먼, 리처드 셰크너, 예지 그로톱스키, 유제니오 바르바, 헤르만 니취… 등등이 그들이다. 하지만 이들 외에도 무수한 예술가들에 의한 실험적인 공연들이 기존의 익숙한 드라마 트루기와는 다른 문법과 규칙들 속에서 새로운 연극적 패러다임을 형성한다.

이들의 연극은 문학으로부터 연극의 분리를 주장하며 연극성을 회복하려고 노력했던 역사적 아방가르드 연극을 계승하고 1960년대 포스트모더니즘의 사상적 배경 위에 포스트드라마 연극의 특징들을 다양하게 전시(展示)하기 시작하였다. 궁극적으로 이들의 전시는 포스트드라마 연극이라는 개념이 등장하기 이전부터 포스트드라마 연극의 특징들을 감지하고 있었으며, 이것은 연극 이론이 연극 행위보다 앞서 나갈 수 없음을 보여준 사례라고 할 것이다. 이들이 지향했던 포스트드라마 연극의 특징은 탈구조 연극, 다매체 연극, 몸짓과 움직임 연극 등으로 드라마적 형식의 전통으로부터 확연하게 거리를 두고자 노력했던 탈 텍스트, 매체의 혼합, 몸의 물질성과 수행성 등을 부각하려는 행위에서 찾을 수 있을 것이다.

3. 포스트드라마 연극의 특징

사실 포스트드라마 연극의 특징을 공연에서 드러나는 몇 가지의 단정적인 성질들만으로 공유하기에는 어려움이 있다. 왜냐하면 포스트드라마 연극은 여전히 자신의 연극적 속성을 계속해서 유예하는 가운데 예술가들마다 성향에 따라 여러 가지 양태로 세포 분열하듯 개별적 특성을 보이기 때문이다. 하지만 세포분열을 통해 모세포가 몇 개의 딸세포로 분열하더라도 궁극적으로 모세포 속에 담긴 DNA의 유전자 정보는 일정하게 자신의 기초 정보를 유지하고 있다. 그러므로 포스트드라마 연극에 나타나는 모세포의 공통된 유전자 정보를 살펴보는 것으로써 포스트드라마 연극의 이해를 돕는 최소한의 마중물로 사용하고자 한다.

포스트드라마 연극은 내적 논리를 지닌 이야기의 진행이 더는 연극의 중심을 형성하지 않으며 예술적 해석의 관점으로 강요된 '작품' 개념을 따르지도 않는다. 포스트드라마 연극은 수제품으로서의 작품을 감상하는 것이 아니라 관객에게 새로운 지각 작용을 불러일으킬 수 있는 '사건'을 제공하기 위해 노력한다. 사건의 연극은 관객에게 고정된 형상을 제공하지 않는다는 사실을 계속해서 상기시키고, 그리하여 의미의 확정은 형상의 흐름 속에서 언제든 변화 가능한 "진행 중인 작품"[7](work in progress) 으로 탈바꿈될 수 있는 수행적 사건이 된다. 그런 의미에서 포스트드라마 연극은 연극이라기보다는 전시(展示)에 가깝다. 작품이 아닌 사건의 전시는 관객들에게 의미의 지시를 포기하고 제시된 형태들을 물질적, 현상적 존재 형태 그대로 지각할 수 있는 경험의 자유를 제공한다. 그 결과 관객은 지각을 통해 스스로 의미를 구성하는 공연의 공동 생산자 내지는 공동 창조자로 부상하게 되며, 포스트드라마 연극은 해석학적인 것에서 지각학으로, 기호성에서 수행성으로의 미학적 패러다임의 전환을 이끌게 된다.

이와 같은 미학적 패러다임의 변화는 1960년대 이후 연극에서뿐만 아니라 포스트모더니즘의 사상적 배경을 기반으로 하는 예술 행위 전

---

7 한스-티즈 레만, 앞의 책, 38쪽.

반에 영향을 미치게 되는데, 이러한 문화적 현상을 소위 '수행적 전환'(performative turn)이라고 지칭한다. 문제는 수행적 전환이 새로운 연극 경향으로 대두되던 시기에 이러한 공연의 특징들을 수용할 수 있는 규범이 아직 마련되어 있지 않았다는 것이다. 더구나 기존의 해석학적 연극 미학으로는 수행적 사건으로서의 공연을 설명할 수 없는 현실적 문제가 또한 남아있었다. 이에 레만은 "게르다 포슈만이 사용한 '드라마 이후의 연극'(nachdramatisches Theater)이론을 차용하여 포스트모던 시대에 출현한 연극 현상을 그것의 생성에서부터 포스트드라마라고 하는 용어로 설명 가능한 유효한 범위를 서술하고자 시도하였다."[8] 그는 예술가마다 개별적으로 드러나는 공연의 특성들을 포스트드라마 연극이라고 하는 넓은 범주의 우산개념 속으로 흡수하며, 공통된 유전적 특징들을 정리한다. 레만은 "포스트드라마 연극은 재현(representation)이라기보다 현존(presence)이고, 경험을 나누는 것이라기보다 경험을 함께 공유하는 것이며, 결과라기보다 과정인 동시에 취지라기보다 선언이며, 정보라기보다는 에너지 그 자체"[9]라고 설명한다.

레만의 이와 같은 설명은 1990년대 이후 미디어 전환(Media turn)의 시대를 맞이하여 점점 더 모호해지는 연극의 경계 설정과 매체의 순수성 대신에 융합을 지향하는 상호매체성(Intermediality)까지 다양한 연극 담론들이 포스트드라마 연극에서 논의될 수 있음을 시사하는 것이라고 할 수 있다.

---

8 김형기, 앞의 책, 26쪽.
9 한스-티즈 레만, 앞의 책, 161쪽.

4. 포스트드라마 연극-사건으로서의 연극

독일의 연극학자 에리카 피셔-리히테(Erika Fischer-Lichte)는 '수행적 전환'에 전기를 마련한 대표적인 사건으로 마리나 아브라모비치(Marina Abramovic)의 〈토마스의 입술(Lips of Thomas)〉(1975)을 예로 들고 있다. 이 당시 그의 공연은 관객의 지각(perception)을 교란하고 정서적 불안과 심리적 고통 안으로 관객을 몰아넣는 돌발적 사건을 만들어냄으로써, 기존의 행위자와 수용자라고 하는 이분법적 틀을 무너뜨리고 지금까지의 연극에서 유효했던 규범과 규칙이 중지되는 혼란스러운 상황을 연출했다.

1975년 10월 24일 인스브루크의 크린칭거(Krinzinger) 갤러리에서 흥미로운 사건이 일어났다. 유고슬라비아 출신의 여성 예술가 마리나 아브라모비치가 〈토마스의 입술〉이라는 퍼포먼스를 선보인 것이다. 예술가 자신이 입고 있던 옷을 찢으며 퍼포먼스는 시작됐다. 그녀는 갤러리 뒤로 가서 자신의 사진이 담긴 별 모양의 액자를 핀으로 벽에 고정했다. 거기서 그리 멀지 않은 곳에는 하얀 보를 덮은 탁자가 있었다. 탁자 위에는 붉은 포도주 한 병, 꿀 한 잔, 빈 크리스털 유리잔, 은수저, 채찍이 놓여 있었다. 그녀는 탁자 앞에 놓인 의자에 앉아 꿀이 든 유리잔과 은수저를 들고 천천히 잔을 비웠다. 1kg이 넘는 꿀을 모두 먹어 치울 때까지 이 행위는 계속됐다. 그 뒤 예술가는 붉은 포도주를 유리잔에 붓고 천천히 마셨다. 포도주병이 빌 때까지 계속 마셨다. 그리고는 갑자기 오른손으로 유리잔을 깨부수었다. 손에서 피가 흐르기 시작했다. 예술가는 일어나 사진이 걸린 벽으로 걸어갔다. 그녀는 벽을 등지고 관객을 정면으로 바라본 뒤, 자신의 복부에 면도날을 그어 별 모양의 상처를 내기 시작했다. 배에서 피가 솟아올랐다. 곧이어 관객을 등진 채 액자 밑에 무릎을 꿇고 앉아 채찍으로 자신의 등을 때렸다. 등에 피멍이 들기 시작했다. 그다음에는 얼음으로 만든 십자가 위에 팔을 벌리고 누웠다. 천장에 설치된 온열기가 그녀의 복부를 향했다. 온열기의 열기가 상처에 전해지면서 다시 피가 흘러나왔다. 그러나 아브라모비치는 꼼짝하지 않고 얼음 위에 계속 누워있었다. 이 고문은 온열기의 열기로 얼음이 다 녹을 때까지 계속될 분위기였다. 30분 동안이나 얼음 십자가 위에서 예술가가 자신을 학대하자 관객은 더는 그 고통을 쳐다보고만 있지 않았다. 관객들은 서둘러 얼음 십자가로 가서 예술가를 일으켜 다른 곳으로 옮겼다. 이 행위로 인해 퍼포먼스는 끝났다.[10]

우리는 이 사건을 어떻게 설명할 수 있을까? 혹시 설명할 수 있다면 설득력 있는 해석 방법을 제시할 수 있을까? 이 퍼포먼스가 진행되는 두 시간 동안 우리 앞에 벌어진 광경은 행위자가 끊임없이 자신의 육체를 학대하였다는 사실뿐이다. 누드로 드러난 몸뚱어리와 엄청난 양의 꿀과 술을 흡입하고 예리한 칼로 자신의 몸을 자해하는 일련의 행위들은 누구도 의심할 수 없는 실제이며 관객에게 구토와 불쾌감을 유발하는 행위였다. 더군다나 차가운 얼음 위에 누워 있던 예술가의 행위는 관객의 인내심을 임계점에 이르게 하며 의자로부터 몸을 일으켜 세웠다. 그러면서 무대 위로 관객이 난입하는 사태를 초래했다. 그렇다면 약속되지 않은 관객의 그러한 행위를 유도한 원인은 어디서 비롯된 것일까? 아브라모비치는 퍼포먼스가 진행되는 동안 신음이나 소리, 표정,

---

10 에리카 피셔-리히테, 『수행성의 미학』, 김정숙 역, 문학과지성사, 2017, 15~16쪽.

육체적 표현도 없이 행위에만 초점을 맞추었다. 한마디로 자신의 내적 심리상태를 그 어떠한 고통의 기호로도 드러내지 않았다. 아브라모비치는 이 퍼포먼스에서 어떤 특정 역할을 연기하는 배우도 아니었으며, 자신의 육체에 상처를 내는 연기를 재현하는 등장인물도 아니었다. 그것은 처음부터 끝까지 모두가 실재하는 사건이었다.

피셔-리히테는 관객을 경이와 혼란에 빠뜨린 이러한 수행적 사건에 대하여 "지금까지 내려오는 미학 이론으로는 이러한 퍼포먼스를 설명하지 못한다. 해석학적 미학은 이러한 현상이 지닌 여러 사항과 걸맞지 않다. 여기서는 예술가의 행위에 대한 이해가 중요한 게 아니라, 예술가의 경험과 관객에게 불러일으킨 경험이 중요하다. 한마디로, 퍼포먼스 참여자의 '변환'(transformation)에 관한 문제"[11]임을 주장한다.

아브라모비치가 만들어 낸 변환은 행위자와 관객이 '신체적 공동 현존(Co-presence)'을 통해 사건에 함께 참여함으로써 이루어졌다. 관객들은 이 사건에서 예술과 일상, 미학과 윤리적 규범 사이에서 어떠한 판단을 해야 하는지 결정해야 하는 불안정한 상태, 즉 경계적(liminal) 상황을 경험하게 된 것이다. 이러한 경계적 경험은 관객이 어떠한 방식으로든 자신의 미학적 경험을 위해 그 퍼포먼스에 적극적으로 개입했기 때문에 이루어 낸 성과이다.

---

11 위의 책, 25쪽.

5. 포스트드라마 연극의 이해의 틀—수행성의 미학[12]

1960년대 이후 '수행적 전환'의 시기에 나타나는 연극의 다양한 시도를 '수행성'(performativity)이라는 개념에서 찾는다면 우리는 그것을 경계 허물기의 차원에서 설명할 수 있다. 여기서 경계 허물기는 퍼포먼스에서 흔히 보듯이 예술과 현실의 경계 넘기이기도 하며, 장르 간 경계 허물기의 상황이기도 하다. 예술적으로는 조형, 음악, 무용, 연극, 영상, 문학 등의 고유성이 절대적인 가치가 아니라는 것과 다양한 장르가 융합하는 가운데 상호매체적 효과의 연출을 시도하는 예술적 이벤트로서 사건성에 대하여 논의하기 시작하였다.

이제 연극은 작품이 아니라 사건이다. 사건은 "예술가뿐 아니라 수용자, 관찰자, 청중, 관객이 모두 연계되어 하나를 이루는"[13] 행위를 말한다. 따라서 수행적 전환을 맞이한 연극의 핵심은 행위자와 관객의 새로운 관계 규정이며, 이것은 전통적인 주체와 객체의 관계가 통용되지 않고 관객과 행위자가 동등한 권리를 가지고 공연을 공동 생산하게 된다. 그 안에서 공연은 행위자의 행위에 대한 이해가 중요한 것이 아니라 행위자와 관객 사이에 발생하는 상호작용과 그것이 발생시키는 '미학적 경험'이 연극의 핵심으로 대두되기 시작한다.

피셔-리히테는 미학적 경험을 설명하는 매우 효과적인 이론 체계로서 수행성을 언급하고 있는데, "수행성의 미학의 근본적인 전제로 인간

---

12 전형재, 『춤추는 럭비공』, 푸른사상사, 2020, 151~176쪽을 일부 발췌하여 형편에 맞게 정리하였다.
13 에리카 피셔-리히테, 앞의 책, 39쪽.

의 현상학적 인지론을 바탕으로 하는, 행위자와 관객의 '신체적 공동 현존'(Ko-Präsenz)을 내세운다."[14] 그에 따르면 행위자와 관객의 공동 현존은 공연을 이루는 토대이며, 그 토대 위에서 사건성이 창출된다. 사건성은 행위자의 일방적 방향이 아니라 상호작용이 되어야 하며, 그런 의미에서 행위자와 관객은 '지금 여기', 즉 같은 공간과 같은 시간에 함께 존재하는 공동 주체(Ko-Subjekte)이자 신체적 공동 현존이 전제되어야 한다.

가령 1952년 존 케이지(John Cage)가 작곡한 〈4분 33초〉라고 하는 피아노곡은 피아니스트 데이비드 튜더(David Tudor)가 피아노 앞에 앉아 있다가 단 하나의 음도 내지 않고, 피아노 덮개를 닫는 것으로 연주를 끝냈다. 이것은 연주회인가 행위예술인가, 그도 아니면 음악인가 연극인가. 이것을 무엇으로 설명할 것인가. 아브라모비치의 〈토마스의 입술〉은 그가 엄청난 양의 꿀을 마시고 면도칼로 자신의 배에 별 모양을 새기며 시작한다. 그러나 그의 배에서 흐르는 것은 케첩이 아니다. 관객은 경악한다. 두 공연에서 벌어지는 이와 같은 행위는 해석학적 이해의 범주를 넘어서는 하나의 사건이다. 사건은 예측 불가능성 아래서 행위자와 관객이 맺게 되는 일련의 과정으로 "특정한 사회적 실재가 생산되도록 하는 수행적 행위"[15], 즉 '수행성'이라고 할 수 있다.

〈4분 33초〉에서는 연주자가 퇴장하는 순간, 공연장은 소음으로 채워진다. 공연의 실재는 음악의 고정관념을 역전시키는 관객들의 수행적

---

14 김정숙, 「에리카 피셔-리히테의 수행성의 미학과 기본 개념들」, 『연극평론』 64호, 한국연극평론가협회, 2012, 129쪽.

15 백인경, 「에리카 피셔-리히테의 퍼포먼스 이론 연구」, 서울대학교 대학원 석사학위논문, 2014, 10쪽.

행위로 끝난다. 〈토마스의 입술〉에서는 예술가가 계속해서 자신을 학대하자 관객이 그 고통을 참지 못하고 무대 위로 난입했다. 그리고 관객들은 서둘러 얼음 십자가에 누워 있던 예술가를 일으켜 다른 곳으로 옮겼다. 두 개의 공연은 예술가가 촉발한 행위에 관객이 반응했고 곧장 행동으로 실천됐다. 즉, 주체와 객체가 하나의 사건에 휘말리게 됨으로써 둘의 관계는 분명하게 규정되거나 구별되지 않았다는 것이다. 이처럼 신체적 공동 현존은 공연의 가장 기본적인 매체적 조건이 된다. 그렇다면 그와 같은 매체적 조건 속에서 사건성은 누구에 의해서 만들어지며, 어디로 흐르는 것일까? 또한 사건성은 꼭 행위자에 의해서만 시작되고 만들어지는가?

일단 관객은 행위자의 행위를 지각하고 이에 반응한다. 관객의 내적 충동은 울고, 웃고, 한숨을 쉬고, 탄식하는 작은 반응에서부터 소리치고, 발을 구르고, 야유를 내뱉는 격한 반응으로 나타나기도 한다. 그러다가 흥분하면 자리를 박차고 일어나 공연장을 나가버리기도 한다. 그 밖에도 관객은 공연과 상관없는 생리적 반응을 보이기도 한다. 하품하거나, 시계를 보거나, 다리를 꼬거나, 갑작스럽게 재채기를 하거나, 코를 골며 자거나, 또는 돌발적으로 핸드폰 벨 소리가 울리기도 한다. 그런데 이러한 관객들의 반응을 행위자인 배우들도 지각한다는 사실이다. 그리고 배우들은 어느 쪽으로든 영향받는다. 집중력이 흐트러지거나 더 강해지거나, 불쾌함을 드러내거나 숨기려고 노력하거나, 때로는 대사나 행위를 잊어버려 퇴장 시점을 놓치기도 한다. 관객의 이러한 행위들은 배우들의 연기에 영향을 주고 나아가서는 공연까지도 영향을 미친다. 또한 관객의 돌발적 행위들은 다른 관객의 흥미와 긴장감의 정도를 높이거나 낮추기도 한다. 자신의 웃음이 다른 관객과 일치하지 않을 때, 우리는 주변을 두리번거리며 다른 관객의 눈치를 살핀다. 다시 말하면 공연에서 발생하는 사건은 행위자와 관객의 공동 현존이라고 하는 매체적 조건 속에서 상호작용하는 것이다.

피셔-리히테는 이것을 '자동형성적 피드백 고리'(Autopoietische Feedback-Schleife)로 설명하는데, "행위자가 무엇을 하든 그것은 관객에게 영향을 미치고, 관객이 무엇을 하든 그것은 행위자와 다른 관객에게 영향을 미친다. 이런 의미에서 공연은 공연 자체에서 생성되었으나, 점점 변화하며 되돌아와 연결되는 고리, 즉 피드백 고리로 채워지는 현상이 된다. 따라서 공연 과정은 완벽하게 계획되거나 예측될 수 없다."[16] 이와 같은 설명에 따르면 관객의 반응이 비록 내적으로만 일어난다고 하더라도 피드백 고리는 공간의 분위기를 조성하는 데 영향을 준다는 것이다. 그리고 이때 관객의 역할은 공동 주체로서 "연출되고 재현되는 행위들의 의미들을 읽어내는 것이 아니라, 공간 내에서 형성되는 분위기를 스스로 지각하고 의미를 구성해나가게 되는 것이다. 바로 이러한 과정을 가능하게 하는 것이 '수행성'이다."[17]

6. 관객의 미학적 경험 – '지각의 급변'과 '의미의 창발'

수행성의 미학의 근본적 토대를 이루는 신체적 공동 현존, 자동형성

---

16 에리카 피셔-리히테, 앞의 책, 80~81쪽.
17 최승빈, 「수행적 사건으로서의 퍼포먼스에 나타나는 상호매체적 지각 변화 연구」, 홍익대학교 대학원 박사학위논문, 2017, 30쪽.

적 피드백 고리, 몸의 물질성, 사건성은 궁극적으로 무엇을 지향하기 위함일까? 다시 말하면 위의 것들이 요구하는 특별한 지각 가능성은 왜 필요한 것인가 하는 것이다. 1960년대 이후 공연예술의 환경적 변화는 주지의 사실이다. 변화의 요점은 첫째, 행위자가 생산하는 물질성이 논리적 근거나 동기도 없이 돌발적으로 발생한다는 데 있으며, 둘째 그 물질성을 어떤 방식으로 이해하고 해석할 것인지에 대한 과제가 관객들에게 있다는 사실이다. 여기서 관객들은 자기의 의지와 상관없이 그 과제를 떠안게 되는데 그 과정에서 관객들은 지각의 혼란을 겪게 된다. 그리고 다른 한편으로는 지각의 혼란 상태에서 자기 자신이 공연의 의미를 생성하는 가장 중요한 조건이며, 공연을 이해하고자 하는 과정의 일부인 동시에 생산자라는 특이성을 이해하는 일임이 분명해졌다.

피셔-리히테는 "현대 연극에서는 '지각의 다층적 안정성'이 관건이다. 주된 관심은 현상적 신체에 대한 지각이 등장인물에 대한 지각으로 넘어가는 순간과 그 반대로 넘어가는 순간에 있다."[18]고 말한다. 이 말은 다시 말하면 지각의 경계적 상황에서 지각 주체가 느끼는 '지각의 급변'이 미학적 경험의 주요 관심사라는 것이다. 그런데 문제는 "실제로 지각을 그때그때 급변하게 하는 것이 무엇인지 분명하지 않다"[19]는 것이다. 2007년 루크 퍼시발(Luk Perceval)이 연출한 〈세일즈맨의 죽음〉[20]에서 주인공 윌리의 출렁이는 뱃살은 그의 현재 상태를 지시하는 기호적 육체였다가 어느 순간에는 배우 개인의 특별한 신체로 지각되기도 한

---

18 에리카 피셔-리히테, 앞의 책, 198쪽.

19 위의 책, 197쪽.

20 2007 서울국제공연예술제, 남산예술센터. 2007.10.8~9,

다. 이처럼 의식적이든 무의식적이든 상황마다 관객의 지각을 다르게 조정하는 지각의 급변은 그것이 무엇 때문인지 분명하지 않다. 지각의 급변은 극작술이나 연출법, 연기 방법과도 무관하며 관객의 의지와도 상관없이 일어난다. 그렇지만 지각의 급변에서 관객을 '이도 저도 아닌' 사이 상태에 빠뜨렸다는 것과 두 가지 지각 사이의 문지방에 서게 했다는 사실만은 관찰 가능한 일이다.

이와 같은 지각의 급변에 대한 관찰은 논리적 설명이 불가능한 정서적 변화로 '찰나'에만 솟아나는 변화이다. 이 변화의 핵심은 "지각은 지각 행위가 이루어지는 동안에만 급변할 수 있다."[21] 즉, 그 장면이 지나가거나 공연이 끝난 다음에는 그 지각의 급변을 경험할 수 없다. 지각의 급변은 지각 행위를 하는 동안에만 발생한다. 따라서 관객의 능동적 지각 행위는 공연을 이루는 절대적인 요인이다.

그럼 미학적 경험으로서 지각이 급변하는 순간 관객에게는 무슨 일이 일어나는가? 지각의 급변은 지금까지 유지되던 지각 질서를 무너뜨리는 행위이다. 안정된 지각 질서가 무너지는 순간 지각 주체는 불안정한 상태에 빠지며, 문지방 단계에 서게 된다. 이는 일종의 경계 지점으로 '문지방 경험'(schwellenerfahrung)이라고도 하는데, '사이 단계' 또는 '사이 상태'를 말한다. 이와 같은 문지방 단계는 '이도 저도 아닌(betwixt and between)' 상태이다. 왜냐하면 공연에서 지각 질서의 파괴는 관객의 지각 작용에 따라 수시로 일어나며 그 무엇도 완전하게 확정된 상태가 아니기 때문이다. 여기서 관객은 '지각의 다층적 안정화'를 이루려고 노력한다. 이것은 경계성의 불안정한 상태를 벗어나기 위한 관객의 의식적인

---

21 에리카 피셔-리히테, 앞의 책, 327쪽.

노력이다. 앞에서도 설명한 바와 같이 지각의 급변은 수시로 발생하는데, 이때 관객은 두 질서 사이를 오가며 지각의 불안정한 차이를 안정 상태로 만들기 위해 노력한다. 하지만 지각의 급변은 경계성(liminality)에서 벗어나기 위한 관객의 노력에 계속해서 균열을 가한다.

관객이 경계성의 불안정한 상태를 벗어나기 위해 하는 노력은 결국 지각의 다층적 안정화를 이루기 위해 자신의 지각 질서를 자기가 의도하는 어느 한쪽으로 옮겨가려는 노력이다. 이럴 때 그것이 재현의 질서로 옮겨가든 현존의 질서로 옮겨가든 방향은 중요하지 않다. 핵심은 어느 쪽의 질서로 옮겨가든 그쪽 질서로 옮겨가는 순간에 지각의 급변이 관객에게 어떤 방식으로든 영향(의미)을 행사하였기 때문에 옮겨갔다는 사실뿐이다. 다만 무엇이 영향력(의미)을 행사했는지는 알 수 없다. 이에 대해 피셔-리히테는 "이러한 현상에서 심리적 설명을 찾는 것은 우리의 맥락에서 중요하지 않다. 이 현상의 본질은 바로 창발(創發, emergence)성에 있음을 확인하면 충분하다. 왜냐하면 지각의 급변에는 어떤 이유도 없기 때문이다."[22]라고 설명한다. 그렇다고 한다면 지각의 급변과 의미의 생성은 모두 창발 현상이며 미학적 경험 또한 창발 현상이 된다고 할 수 있다.

공연의 본질은 공연을 만드는 행위자와 그것을 수용하고 의미를 생성하는 관객에 의해서 규정된다. 그러나 전통적 공연예술이 의미생성을 행위자의 절대적 권위로 여겼던 반면, 수행성이 강조되는 공연에서는 행위자와 관객의 상호작용(interaction)이 중요한 덕목으로 대체되기 시작한다. 이제 관객은 공연의 기호성과 수행성이 상호작용하는 가운데

---

22 위의 책, 같은 쪽.

어떤 식으로든 공연에 생산자의 태도를 보여야 한다. 관객의 입장이 기호성, 재현적 질서를 따른다면 그것은 행위자의 의도대로 지각하고 그에 따른 해석으로 의미가 생성될 것이다. 반면에 물질성, 현존적 질서에 따른다면 지각 주체가 부르지 않았는데도 의식 속에서 불현듯 솟아오르는 정체 모를 느낌, 생각, 즉 창발에 자신의 연상 작용, 지각 작용을 맡김으로써 그것에 의해 의미를 규정한다. 그러므로 창발은 관객의 의미생성이 기호성과 수행성 가운데 어느 한 축에 의해서만 이루어지지는 않는다. 관객은 기호성에 무작정 끌려가지도 않지만 그렇다고 수행성의 자율적 주체만도 아니다. 관객의 미학적 경험은 기호와 창발적 연상 사이를 오가는 문지방 단계에서 관객이 겪게 되는 감정적 변환 혹은 육체적 변환을 통해 진행된다.

7. 문지방 경험의 예

문지방 경험의 극단적 사례로 1977년 마리나 아브라모비치의 퍼포먼스 〈측정할 수 없는 것(Imponderabilia)〉이 우리들의 이해에 도움을 줄 수 있다. 이탈리아의 볼로냐에 있는 한 갤러리 출입구에 아브라모비치와 울라이라는 두 명의 남녀 퍼포머가 나체로 서로를 마주 보며 서 있다. 두 퍼포머의 간격은 관람객이 몸을 옆으로 비틀어야 간신히 통과할 수 있을 정도밖에 안 되었다. 그런데 갤러리로 들어가기 위해서는 이 출입구의 문지방 사이를 통과해야 한다. 문지방 통과 자체가 공연이다. 관람객들에게는 일종의 사건이며 위기가 닥친 것이다. 관람객은 위기의 경계 지점에서 이곳을 지나갈 것인지 포기할 것인지, 지나간다면 어떤

자세로 지나갈 것인지, 또는 어느 쪽과 마주하며 지나갈지 결정해야 한다.[23]

여기서 관객의 미적 경험은 전례 없는 문지방 상황에서 '경계에 머물 것인가?', '새로운 변화를 창조할 것인가?'를 결정해야 한다. 문제는 누구도 그 판단에 도움을 주지는 않는다는 것이며, 설령 용감하게 문지방을 통과한다고 하더라도 결과를 예측할 수 없다는 것이다. 누구는 실패할 수도 있고 누구는 운 좋게 성공할 수도 있다. 그러나 중요한 사실은 그들이 모두 문지방을 경험했다는 것이지 성공과 실패는 중요하지 않다. 그들이 문지방을 넘어서며 그 감정적 변화와 육체적 변화가 성공했는지 실패했는지 어떻게 판단할 것인가. 관객들이 아브라모비치를 얼음판에서 끌어내림으로써 〈토마스의 입술〉은 끝났다. 그럼 이 공연은 성공인가 실패인가. 성공과 실패를 평가하는 기존의 해석학적인 조건으로는 관객의 문지방 경험을 평가할 수 없다.

그런 의미에서 미학적 경험은 지각 주체가 경계적 상태에서 개별적으로 생성하는 의미의 창발이며, 관객의 변환과 문지방 경험은 따로 분리하여 생각할 수 없다.

---

23 전형재, 「춤연극에서 연기의 물질성이 지각과 의미생성에 미치는 영향」, 『연기예술연구』 13호, 한국연기예술학회, 2018, 80~81쪽.

포스트드라마 연극의 성과와 한계

2,500여 년의 연극 역사 속에서 연극에 대한 이해는 시대적 패러다임의 변화와 함께 언제나 그 해석을 달리해왔다. 그리고 이러한 해석은 새롭게 발견되는 역사적 사실들에 의해 계속해서 수정, 보완될 것이다.

그렇다면 앞으로의 연극은 어떤 모습으로 변화할까? 현대 연극의 시작이라고 할 수 있는 사실주의 연극과 이후 등장한 반사실주의 연극, 그리고 퍼포먼스 장르들은 다른 매체와의 융합을 모색하는 가운데 여전히 진행 중이다. 그런 상황에서 매체의 고유성은 갈수록 힘을 상실해 가고 있다. 여기에 최근 들어 많은 이론가, 예술가들은 포스트모더니즘 이후를 조망하기 시작하였다. 이러한 현상은 이전까지 새롭다고 생각됐던 것들이 더는 새롭게 다가오지 않고 과거의 무엇과 비슷한 것으로 나타날 공산이 커졌다는 의미일 것이다.

그렇다고 한다면 연극에서도 매체적 고유성의 상실과 포스트모더니즘 이후의 경향이 어떻게 나타날지는 예단할 수 없다. 다만 과거와 현재를 통해 미래를 조망하는 것이 역사라고 할 때, 우리도 현재의 연극을 통해 미래의 연극을 조망해볼 수 있지 않을까 생각한다. 그중에서도 20세기 후반 포스트드라마 연극에 대한 미적 경험과 가치에 대한 숙고는 미래의 연극을 조망하는 데 도움을 줄 수 있을 것이다.

20세기 초 아방가르드 연극운동으로부터 시작된 탈중심화, 탈텍스트화는 연극의 재연극화를 모토로 연극성의 개념을 새롭게 정의하는 실마리를 제공하였으며, 이러한 연극성은 20세기 후반 포스트드라마에게도 영향을 미쳤다. 그리고 우리가 포스트드라마 연극의 미적 경험을 설명하는 데 있어서 '수행성'(遂行性, performativity)은 꽤 유용한 개념으로 사용되고 있다.

『수행성의 미학(Ästhetik des Performativen)』의 저자 "에리카 피셔 리히테는 일찍이 연극 기호학에서 출발하였으나 1970년대 이후 수행적 미학이 강화된 공연들에 적용하기에 뚜렷한 한계를 보이는 이 연극 기호학적 연구 방법의 대안으로 '현상학적 연구 방법'을 제안하고 있다."[1] 그가 제안하는 현상학적 연구 방법은 몸이나 사물의 물질성에 단순히 감각적으로 다가가는 것이 아니다. 그것은 현상학적 물질성이 충만한 상태에서 온전히 몸과 사물의 물질성을 '지각'하는 동시에 관객이 부여하는 의미의 '성찰적 행위'가 발생할 때 비로소 이루어진다. 그중에서도 첫째, 몸의 물질성은 기호학적인 몸과 구별되는 현상학적인 몸이다. 포스트드라마 연극에서의 몸은 현상학적인 몸을 가리킨다. "현상적 존재로서 몸의 육체성(Körperlichkeit)이라는 물질성에 충실한 경우에 현상학적인 몸은 관객 앞에서 지금, 여기에 현존하는 가운데 몸은 자신에게 새로운 기능을 부여한다. 다시 말해, 몸의 수행적 기능을 담당하는 것이다."[2] 이러한 현상적인 몸은 포스트드라마 연극 미학의 근거가 된다. 둘째, 사물의 물질성은 그 물질성이 공간으로 확장되

1   김형기, 『포스트드라마 연극의 지각방식과 관객의 역할』, 푸른사상사, 2014, 327쪽.
2   심재민, 「포스트드라마 연극의 수행성, 현상학적인 몸, 그리고 새로운 형이상학」, 김형기 외, 『포스트드라마 연극의 미학』, 푸른사상사, 2011, 77쪽.

고 그것에 대해 수용자가 사유하는 가운데 형성된다. 결국, 포스트드라마 연극에서 관객의 지각 과정은 몸과 사물의 물질성에 근거한다고 할 수 있다. "몸이 드러내는 물질성에 대한 관객의 지각을 바탕으로 양자 사이의 지점에서 발생하는 현존을 통해서 공연의 육체성이 강조된다. 행위자의 몸은 그러므로 관객에게 직접적인 영향을 미치면서 에너지의 전이를 낳게 된다. 즉 행위자와 관객, 관객과 관객, 그리고 다시 관객과 행위자 사이의 '에너지의 전이'가 이루어진다."[3] 그렇게 본다면 오늘날 관객이 갖추어야 할 포스트드라마 연극의 미적 경험의 핵심은 몸과 사물의 에너지가 생산하는 기표들이 끊임없이 교차하고 때로는 단절되고 중첩되는 가운데 정서적 체험과 성찰적 지각을 바탕으로 인간과 역사와 사회에 대한 자신의 태도와 입장을 스스로 구성해가는 과정이라 할 수 있다.

이처럼 포스트드라마 연극은 최종적인 기의의 확정을 거부한 채 미리 주어진 전언도 없이, 다양한 기표의 만남으로 발생하는 창발적 의미의 에너지와 분위기에 집중한다. 물론 포스트드라마 연극이 의미의 확정을 완전히 부정하는 것은 아니다. 다만 관객들로서는 몸이나 사물이 내뿜는 기표의 상호작용에 감각적으로 집중하면서 동시에 그 기표가 나타내는 사건을 성찰적으로 접근하고, 그 기표에 잠재된 여러 층위를 관객 스스로 해석해 내야 하는 막중한 책임이 뒤따른다. 여기서 포스트드라마 연극의 미학 경험은 "작품 수용의 과정에서 개인의 현실과 진실을 인식하고 흩어진 의미의 조각들 사이를 헤매며 스스로의 진실이 담긴 퍼즐을 끼워 맞추는 민주주의

---

3 Erika Fischer-Lichte, "Theater als Modell für eine Ästhetik des Performativen", *Performativiätt und Praxis*, Hrsg. von J Kertscher u.D. Mersch. München: Wilhelm Fink Verlag, 2003, pp.97~111 중 특히 p.99 참조. 심재민, 위의 글, 78쪽 재인용.

적 미학"[4]으로 인식된다.

그렇다면 이 대목에서 아주 근본적인 질문을 던져보자. '우리는 왜 연극을 보러 가는가?' 특히, 전달하고 해석해야 할 의미 확정을 유예하고 사건과 행위로 이루어지는 연극에서 우리는 어떠한 자세를 취해야 할까? 각각의 개인이 방을 나서서 어두운 밤을 뚫고 좁은 계단을 지나 지하의 극장에 삼삼오오 모여든다. 무엇을 얻으려고? 그러나 민주주의적 미학은 이러한 단순한 질문에 어떠한 해답도 내놓지 않는다. 계속해서 우리를 의미와 중심, 진실이 '해체'되고 '차연'하는 세계 속으로 끌어당긴다. 그러면서 진실의 퍼즐이 우리 손에 있음을 강요당한다. 하지만 그 안에서 지금 우리가 그리워하는 연극의 모습이 혹시 의미의 동경은 아닐까 생각해본다. 그렇다고 과학적 이성과 논리를 앞세워 확정된 의미를 재생산하는 연극에서 그 해답을 기다리는 것은 아니다. 재현의 연극성은 이미 19세기 말에 모방의 달콤함을 우리에게 충분히 제공해주었다. 물론 재현의 연극적 가치는 여전히 유효하다. 하지만 시대적 패러다임의 변화 속에서 19세기의 재현연극이 고전이라는 이름으로 21세기에 부활할 수 있을 것인가는 의문이다.

그렇다면 우리는 20세기 이후 아방가르드 연극과 포스트드라마 연극에서 그 그리운 대답을 들을 수 있지 않을까. 위에서처럼 포스트드라마 연극의 미적 경험을 긍정한다면, 우리는 감상이 아니라 지각하기 위해 극장에 가는 것이며, 지각을 통해 스스로 구성하는 미적 경험을 하기 위해 극장에 가는 것이다. 그리고 일상과 구별된 살아 있는 직접적인 미적 체험을 위해 우리는 연극을 보러 가는 것이 된다.

포스트드라마 연극은 메시지를 전달하는 의미 대신에 의미 생산의 수행적 행위로서 지각과 지각 과정의 매체성에 이목을 집중한다. 그럼으로써

---

4 김정숙, 『해외 연출가론1, 로버트 윌슨』, 게릴라, 2003, 115쪽.

개별적 의미망을 형성하게 되고 그것은 다양성으로 나타난다. 하지만 일반적으로 어떤 공연에서든 그 작품이 던지는 의미의 한계는 늘 있었다. 그런데 그 의미의 단서들이 탈중심화되어 있거나 해체되어 있다면 관객이 형성할 수 있는 의미의 가능성이 정말로 다양할 수 있는가는 의문이다. 만약 다양하다면 어떤 형태로 관객들에게 작용하는가. "관객은 스스로 지각하고 일련의 사건에 직접 개입함으로써 미학 주권을 다시 획득할 수 있다"[5]는 수행적 미학의 관점은 분명 긍정적 성과이다. 하지만 이러한 긍정적 성과 가운데서도 쉽게 지나치기 어려운 미학적 과제는 바로 관객과의 상호소통 방식이다. 모든 연극은 소통을 위한 행위이며 그것이 우리가 극장에 가는 궁극적인 이유이다.

포스트드라마 연극이 '소통의 지평'을 넓혀준 것에 대해서는 여러 가지 측면에서 긍정적이다. 그러나 우리는 그동안 긍정적인 의미망 속에서 상대적으로 부정적인 것들에 대하여는 외면한 채, 그 의미를 축소하거나 소홀히 다루었다. 그러는 사이 포스트드라마 연극은 미학 주권을 내세우며 미적 경험을 관객의 자율성에만 맡겨온 것은 아닌가 돌이켜 보게 된다. 이것은 생산자의 입장만을 강조한 미학이지 않을까? 여기서 내세우는 "자율적인 미적 경험은 무대와 객석 간의 합의된 코드를 전제하지 않기 때문에, 관객에게 심리적 부담과 당혹감을 넘어 불안과 위기감을 불러일으킬 수 있다."[6] 물론 어떤 의미도 중개하지 않는다는 포스트드라마 연극의 미학, 그리고 일상의 질서를 중단시키고 관객들에게 새로운 경험을 일으키는 사건으로서의 미학, 그 사건으로부터 구성되는 의미는 관객에게 맡겨진다는 것이 포스트드라마 연극의 미학적 주장으로서 이해될 수 있다. 하지만 물질

---

5 김형기, 앞의 책, 340쪽.
6 위의 책, 331쪽.

성을 강조한 기표를 내던지듯 남발하는 연극 미학에서 관객과의 소통을 담보하기는 실로 어려운 일이다. 더군다나 20세기 말에 대두되기 시작한 '해체'와 탈중심에 대한 회의적인 시각이 있고 보면, 포스트드라마 연극이 주는 창발적 의미의 에너지와 분위기만으로는 현실이 주는 의미와 중심, 진실의 부재를 효과적으로 해석해 낼 수 있을까 하는 의심을 하게 된다. 이러한 의심은 수행성이 갖는 민주주의적 미학이 어떠한 대안도 없는 미학으로 오해될 수 있는 지점이기도 하다.

더 나아가 포스트드라마 연극이 갖는 "엘리티즘"[7]도 그 한계성 안에서 논의돼야 할 것이다. 소수의 몇몇 엘리트나 마니아들만의 연극으로 소통의 저변이 좁아진다면 이상적 미학의 고결함에도 불구하고 그 미학적 가치는 오래가지 못할 것이기 때문이다. 학문이 학문으로서의 절대적 위상을 높이려고 자신을 가치화할 때, 학문의 위상은 도리어 낮아졌다. 포스트드라마 연극이 수행적 미학을 자기만의 미학적 특질로서 신비화하거나 예술적 위상을 높이기 위한 마법적 수단으로 이현령비현령(耳懸鈴鼻懸鈴) 할 때, 그 미학은 대중들에게 외면받을 것이다.

포스트드라마 연극이 진실을 스스로 해석하는 민주주의적 미학이라는 명제로 생산자의 처지에서 관객의 역할만을 과도하게 요구하고 있는 것은 아닌지 생각해보게 된다. 만약 그렇다면 포스트드라마 연극에서의 관객은 마치 크레타섬(島)의 미로 속에 던져진 미노타우로스와도 같은 처지에 놓일지도 모를 일이다.

---

7 위의 책, 344쪽.

고종환, 『한 권으로 읽는 연극의 역사』, 지앤유, 2014.

김경묵, 『이야기 세계사 1』, 청아, 2017.

김성수, '그 많은 작품, 셰익스피어가 다 쓴 거 맞아?', 오마이뉴스, 2005년 5월 24
일.

김정숙, 『해외 연출가론 1, 로버트 윌슨』, 게릴라, 2003.

──────, 「에리카 피셔-리히테의 수행성의 미학과 기본 개념들」, 『연극평론』 64호,
한국연극평론가협회, 2012.

김찬자, 「빅토르 위고 연극과 그로테스크 미학─『크롬웰』 서문과 『뤼 블라스』를 중심
으로」, 『한국프랑스학논집』 69집, 한국프랑스학회, 2010.

김형기, 『포스트드라마 연극의 지각방식과 관객의 역할』, 푸른사상사, 2014.

남상식, 「스타니슬랍스키 : '체험의 연극'을 위한 연기」, 김미혜 외, 『20세기 전반기
유럽의 연출가들』, 연극과 인간, 2001.

백인경, 「에리카 피셔-리히테의 퍼포먼스 이론 연구」, 서울대학교 대학원 석사학위
논문, 2014.

심재민, 「포스트드라마 연극의 수행성, 현상학적인 몸, 그리고 새로운 형이상학」, 김
형기 외, 『포스트드라마 연극의 미학』, 푸른사상사, 2011.

윤영범, 『사진, 회화, 그래픽디자인의 이미지 구성과 데포르마시옹』, 커뮤니케이션

북스, 2015.

이재민, 「포스트드라마 연극」, 『공연과 이론』 통권 52호, 공연과 이론을 위한 모임, 2013.

전형재, 「춤연극에서 연기의 물질성이 지각과 의미생성에 미치는 영향」, 『연기예술 연구』 13호, 한국연기예술학회, 2018.

──────, 『춤추는 럭비공』, 푸른사상사, 2020.

최승빈, 「수행적 사건으로서의 퍼포먼스에 나타나는 상호매체적 지각 변화 연구」, 홍익대학교 대학원 박사학위논문, 2017.

네루 자와할랄, 『세계사 편력 1』, 곽복희·남궁원 역, 일빛, 2004.

레만, 한스-티스, 『포스트드라마 연극』, 김기란 역, 현대미학사, 2013.

배린저, 밀리 S., 『서양 연극사 이야기』, 우수진 역, 평민사, 2001.

베케트, 사뮈엘, 『고도를 기다리며』, 오증자 역, 민음사, 2000.

브라우넥, 맨프레드, 『20세기 연극-선언문, 양식, 개혁모델』, 김미혜·이경미 역, 연극과 인간, 2000.

브로케트, 오스카 G., 『연극개론』, 김윤철 역, 연극과 인간, 2014.

살로비에바, 인나, 『스따니슬랍스끼의 삶과 예술』, 김태훈 역, 태학사, 1999.

이오네스코, 외젠, 『대머리 여가수』, 오세곤 역, 민음사, 2003.

에드윈, 윌슨·앨빈, 골드퍼브, 『세계연극사』, 김동욱 역, 퍼스트북, 2015.

크레이그, E.G., 『연극예술론』, 남상식 역, 현대미학사, 1999.

피셔-리히테, 에리카, 『수행성의 미학』, 김정숙 역, 문학과지성사, 2017.